登山安全与判断力

张斌彬 李 纲 王 晶 编著

中国海洋大学出版社

·青岛·

图书在版编目（ＣＩＰ）数据

登山安全与判断力 / 张斌彬 , 李纲 , 王晶编著 . —
青岛 : 中国海洋大学出版社 , 2019.6
ISBN 978-7-5670-2173-0

Ⅰ . ①登… Ⅱ . ①张… ②李… ③王… Ⅲ . ①登山运
动－基本知识 Ⅳ . ① G881

中国版本图书馆 CIP 数据核字 (2019) 第 071403 号

登山安全与判断力

出 版 人	杨立敏			
出版发行	中国海洋大学出版社有限公司			
社　　址	青岛市香港东路 23 号	邮政编码	266071	
网　　址	http://pub.ouc.edu.cn			
责任编辑	姜佳君	电　　话	0532-85901984	
电子邮箱	j.jiajun@outlook.com			
图片统筹	河北优盛文化传播有限公司			
装帧设计	河北优盛文化传播有限公司			
印　　制	定州启航印刷有限公司			
版　　次	2019 年 6 月第 1 版			
印　　次	2019 年 6 月第 1 次印刷			
成品尺寸	170 mm × 240 mm	印　　张	11.25	
字　　数	201 千	印　　数	1~1000	
书　　号	ISBN 978-7-5670-2173-0	定　　价	49.00 元	
订购电话	0532-82032573（传真）	18133833353		

发现印刷质量问题，请致电 18133833353 进行调换。

随着户外运动作为一种休闲方式在我国兴起与发展，时间充裕和精力饱满的大学生越来越热衷于这项运动。它将旅游、休闲、竞技、探险融为一体，行进于大山中、丛林间、峡谷里。2005 年，国家体育总局批准将户外运动列为正式开展的体育运动项目，户外运动已成为人们闲暇时间最喜爱的活动之一。体育运动健身也成为高校大学生课余生活中不可缺少的新元素之一。为了增进对大自然的了解、体验大自然给我们带来的生活乐趣，大学生纷纷走出校门，脱离狭小空间的束缚，投入大自然的怀抱，开展形式多样的体育活动。

人类的生活、生产实践是体育运动产生的基础与渊源，登山运动也是如此。世界上有高入云霄的喜马拉雅山，也有海拔只有几百米的小山。长期生活在山区的人通过上山砍柴、打猎、伐木，以及采掘野果、野菜、药材和矿藏等活动，取得各种生活和生产资料。在远古时期，洪水泛滥时，人们上山去躲避洪水。人类社会出现部落、民族和国家后，人们常常上山去躲避入侵的敌人或依靠山势打击敌人。在商品社会出现后，人们又赶着马匹，翻山越岭与外族进行商业和文化的交流。整个人类的生活与山有着密切的关系，登山运动也因此得到了不断的发展。

在我国，民间还流传着许多登山的传统习俗，如人们在重阳节登高来进行健身和旅游活动。许多文人墨客也非常热爱旅游登山，尽情享受"会当凌绝顶，一览众山小"的快乐。为了登上峰顶，人们充分发挥着自己的聪明才智。1786 年之前曾有人使用登山镐、绳索等专门器械，并掌握了雪崩、滚石、冰崩、高山缺氧等知识。当有关登山的技术和装备均达到一定水平后，登山运动逐渐从旅行活动中分离出来，从 18 世纪末期开始成为一项独立的体育运动项目。

本书是河北大学体育教学课户外拓展训练的辅助性配套教材。随着近几年城市化的加快，城市人们对于户外自然的向往更加强烈，户外运动的参与人数在逐年增长，年龄段的跨度也很大，安全事故问题也逐年增长。作为高校教育工作者，我们针对户外运动项目中普及性广泛的登山运动的安全方面编写了这本教材。本教材涵盖了登山安全与判断力的基本知识与应用，以期使这项运动的参与者可以在安全的基础上，通过登山运动更好地去锻炼自己的身体。

本书由张斌彬（河北大学体验式教育发展研究中）、李纲（河北大学）、王晶（河北大学）三位老师编著。参加编写的人员有王冬（河北大学）、李晓雷（河北金融学院）、王伟（中国海洋大学）、吴凤伟（天津大学）、孙萌（河北大学）、蔡英梅（河北大学）、梁晓坤（河北大学）、胡浩（石家庄工程职业学院）、李卫国（河北女子职业技术学院）。

限于编者本身的业务水平，书中难免有不当之处，恳请专家和读者批评指正。

编　者

2019 年 1 月

目　录

第一章 户外登山运动概述

学习目标

1. 户外登山运动的起源
2. 户外登山运动的类型
3. 户外登山运动的益处
4. 户外登山运动装备的类型

— — — — — — — — — — — — — — —

第一节 户外登山运动起源

一、户外登山运动的起源

户外运动，从字面上解释，就是在户外环境中开展的体育运动。户外运动中包含的内容、技术和技能源自人类发展的历史，源自人类的劳动生活、生产实践、科学探险和战争的需要。人类早期在艰苦的自然环境中为了生存和发展而被迫进行活动。为了上山采摘，就创造出了攀岩及下降的技能；为了作战和迁徙，就积累了长途跋涉和翻山越岭的经验；为了狩猎，就发现了辨别路线和追踪的方法；为了捕鱼和寻找新大陆，就发明了舟渡和潜水的本领。其他活动，如负重行军、放牧捕鱼、洞穴探险、高山探险等，在开拓人类生存发展空间的拼搏中，都可以找到其原始元素。因此，户外运动是从原始的战争、生产劳动、科学探险中提炼出来的体育运动，一旦成为体育运动，它的目的就不再是物质财富的生产，而是促进人在身体、心智方面的发展，认识自我、完善自我、挑战自我，不断地注入新的科学文化内涵，提供娱乐和身体发展的手段。

欧洲西部的阿尔卑斯山脉，在高山海拔 3 000～4 000 米的雪线附近，即接近"高山植物禁区"的地带，生长着一种野花——"高山玫瑰"。大约在 18 世纪，阿尔卑斯山脉居民有一种风俗：当小伙子向姑娘求爱时，为了表示对爱情的忠诚，就必须战胜重重困难和危险，勇敢地攀上高山，采来"高山玫瑰"献给自己心爱的姑娘。它是男人对爱情坚定、坚强、勇敢、无畏的一种象征。直到今天，阿尔卑斯山脉居民仍然保留这种习俗。久而久之，在阿尔卑斯山区的登山活动便发展成一种广大群众爱好和踊跃参加的活动。

另一种说法是这样的。18世纪中期，阿尔卑斯山因其复杂的山体结构、气象和丰富的动植物资源，吸引了越来越多的科学家的注意。1760年，日内瓦一位名叫 H. 德索修尔的年轻科学家，在考察阿尔卑斯山脉时，对勃朗峰的巨大冰川产生浓厚的兴趣。然而，他自己攀登未能成功。于是，他在山脚下的沙漠尼村村口贴了这样一张告示："为了探明勃朗峰顶上的情况，谁要能攀上它的顶峰，或找到攀上顶峰的道路，将获得重金奖赏。"布告贴出后，没有人响应。一直到1786年8月8日，沙漠尼村的医生 M. G. 帕卡尔利邀约当地石匠 J. 巴尔玛结伴攀上勃朗峰。一年后，德索修尔携带所需仪器，由巴尔玛为向导，率领一行20多人的队伍登上了勃朗峰，验证了帕卡尔利、巴尔玛的首攀事实。《英国大百科全书》"登山"条目采用了这种说法。

由于现代登山运动兴起于阿尔卑斯山脉，在世界各国登山运动又被人们称为"阿尔卑斯运动"。

在登山运动兴起后，传教士开始进山传教，科学家也逐渐开始走入山区，做自然生态方面的研究。当时有一定资金的实业家和企业家等社会新阶层为了追求刺激，也开始把登山当成一种休闲方式。所有登山者的共同目标就是首次登顶。

阿尔卑斯山脉中比较平缓而容易到达的山头逐渐被征服后，就只剩下攀登难度较大的大山了。当时的登山者为了征服这些终年积雪的冰岩地形，不得不开发出一整套登山技术。不过，当时的户外登山技术与装备都比较简陋。

二、户外运动在国外的发展

1857年，德国成立了世界上最早的户外运动俱乐部，主要运动项目以登山、徒步为主。这是现代户外运动俱乐部的雏形。户外运动俱乐部的成立直接促进了登山运动的发展。1855年至1865年，登山者们征服了阿尔卑斯山脉20座海拔4 000米以上的高峰。在"二战"期间，英国特种部队为了提高部队野外作战能力和团队合作能力，利用自然屏障和绳网进行障碍训练，由此形成了攀岩、登山、野营运动的基本雏形。

随着经济的发展，户外活动开始走出军事和求生范畴，成为人们娱乐、休闲和提升生活质量的一种新的生活方式。在美国，户外运动的参与人数和产值都位居所有体育运动的前三位。

1989年，在新西兰举办了首次越野探险挑战赛后，各种各样的户外活动和比赛在全世界如火如荼地开展起来。目前，在欧洲每年都有众多大型挑战赛举行。

同时，户外运动向竞技体育方向发展。1973年，一群青年人激烈地争论，在长距离自然水域游泳、长距离山地自行车和马拉松比赛中，到底哪一项是最严酷的体育比赛？在争执没有结果的情况下，最后12个人同意连续参加这三项比赛，这就是历史上的第一次铁人三项比赛。随后，在新西兰诞生了平原和山地铁人赛。1983年，Judkrus创办了从新西兰南岛的东海岸穿越到西海岸的比赛，在这次比赛中首次引进了野外夜间连续比赛的做法和团队赛的概念。

越野挑战赛的构思起源于1987年，法国记者热拉热·菲西在采访在阿根廷举行的怀特布雷德环球帆船赛时突发奇想，把麦哲伦环球航行的路线移植到陆地上来，让更多的人能够体验到户外探险的乐趣，并有机会在户外活动中一决高低。当时他提出了一个比赛计划：赛程在7天以上，每组5人，日夜兼程，通过规定数量的检查站，不得使用机械化的交通工具等。这个计划最终实现了。

1989年，为期两周的首届莱德加洛伊斯赛在新西兰南岛举行，这也是首次国际探险越野赛，共有30支队伍参加，最终有6支队伍到达终点。目前，该比赛直线距离至少在100千米以上，赛期长达10天左右。比赛多半是在世界最险峻的地形中进行，比赛中的运动方式包括徒步、游泳、攀岩、骑马、泛舟等。

1993年，美国人马克·本内特邀请4名海豹特种兵组队参加了莱德加洛伊斯赛，根据这次的比赛经验，他提出了自己的构想，与Discovery频道一拍即合，于是艾科挑战赛诞生了。首次比赛于1995年4月在美国犹他州举行，该赛事与多家电视频道有密切联系，其收视率高居同类赛事之首，受到人们的喜爱。

1997年，群策业务推广公司、国际管理集团和普里斯公关公司得到日本七星烟草的支持，在中国举办了七星国际越野挑战赛，该赛事为期4天，由山地自行车、皮划艇、团队划船、直排旱冰、越野技能及山地自行车组成。该赛事项目种类多，比赛强度、难度及娱乐性调整过渡衔接合理，既最大限度地调动了参与者的兴奋性和紧张性，又避免了一些探险越野赛的单调和枯燥。

现在越野挑战赛发展得非常迅速，风靡世界，每年在世界各地有近百个国家举办。近年来，诞生了欧洲锦标赛、世界冠军赛等知名越野赛近百个，各种区域性、赛时较短、生动活泼的大小赛事上千个，赛事遍及世界各地。这些运动使人们在广阔的大自然中焕发出无限的活力。

三、国内外登山运动的发展

1957年6月，中华全国总工会登山队登上了四川西部海拔7 556米的贡嘎山顶峰。这是我国登山运动员第一次独立组队进行的登山活动，以攀登贡嘎山的胜利为标志，我国户外运动进入了一个新的发展时期。

20世纪80年代，随着我国户外资源的对外开放，外国登山者和探险者带来了关于户外运动的新理念，外国人在我国进行的山地穿越、徒步行走、江河漂流、山地自行车、登山攀岩等活动，使得国人开始认识这些令人耳目一新的体育活动。之后，一些国内探险者、旅游爱好者开始参与这些运动。1989年，我国第一家从事户外活动的民间社团在昆明成立。

1993年，中国登山协会在北京主持召开了首次全国野外活动研讨会，对户外运动的开展进行了首次研讨和梳理。这次会议对户外运动在我国的开展和普及起到了极大的推动作用。其后，一些地方也成立了相关的户外运动组织，在困难的条件下积极开展活动，成为当地户外运动的开路先锋。

我国真正意义上的群众性山地户外运动的兴起是在20世纪90年代。一些高校体育工作者把登山演变成一种运动项目，将自然岩壁攀爬、岩降、野外定向、负重行军、丛林穿越、涉水、溯溪、修建营地、埋锅造饭等纳入体育教学，开设了野外生存体验课并组织相关活动向社会推广，吸引社会人士参与此项活动。该项活动所具有的独特魅力吸引了大批青年人踊跃参加。户外运动作为新兴的体育项目，带着强烈的时尚气息在我国迅速发展，全国各地的户外运动俱乐部如雨后春笋般发展，在短短几年内就已发展到几百家。运动项目也在不断拓展，技术、技能水平也不断得到提高。现如今，登山、攀岩、徒步、穿越、溯溪、溪降、漂流、越野自行车、探洞、直排轮滑、野外生存等一些新颖奇特、刺激惊险、张扬个性、充满想象力的户外运动项目已被许多国人所接受，正逐渐由少数爱好者参与的运动向大众化的休闲体育方式转变。

地球上究竟有多少座山，或许很少有人能够说得出来。但是可以肯定地说，世界上几乎每一个国家都有山，并且有些国家就坐落在山上。例如，欧洲的安道尔王国在法国和西班牙交界处的比利牛斯山上，列支敦士登大公国在瑞士和奥地利边境的阿尔卑斯山上，亚洲的尼泊尔、不丹和锡金位于喜马拉雅山，等等，人们把这些国家叫作"山国"。

人类的生活、生产劳动实践是体育运动产生的基础与渊源，登山运动亦是如此。俗话说"靠山吃山，靠水吃水"。长期生活在山上或靠山的地方，就必然要与山打交道，从山上取得生活和生产资料，从事狩猎、伐木、采掘药材、采矿等活动。人们还要通过进山出山、上山下山来进行贸易、军事以及其他活动。世界上第一个登上西欧最高峰勃朗峰的就是当年在阿尔卑斯山上采掘水晶石的人；我国唐代的玄奘经帕米尔高原，去阿富汗、印度传经讲学；古人踏越千山万水沿着丝绸之路在我国和欧亚各国之间进行货物交易。与此同时，登山又作为战争的一种手段被人们广泛地应用着。1521 年，西班牙殖民军为取得火山口喷出的硫黄以制造火药，登上了海拔 5 451 米的勃勃卡铁贝特尔火山顶峰，并从此占领了这个盛产硫黄的制高点。

今天，在欧洲阿尔卑斯山脉，民间仍流传着许许多多登山的传统习俗。九月九重阳登高节在我国更是世代广为流传的活动。如今，登山既是健身活动又是旅游活动，登山观景已成为旅游健身者的一大乐趣。由此可见，登山技能的产生与发展，首先是来自人们生活、生产劳动的实践。

为了登上险峰，人类充分发挥自己的聪明才智。1786 年以前就已经有人使用登山镐、绳索、浮雪踏板等专门器械，并且掌握了雪崩、滚石、冰崩、雪盲、高山缺氧等知识及其变化规律。当登山专门技术和专门装备产生以后，登山逐渐从旅行活动中分离出来，成为一个单独的体育运动项目。把登山作为一项专门的体育运动，是在 18 世纪末期开始的。

（一）"阿尔卑斯运动"的产生

横贯法国、意大利、瑞士和奥地利等国家的阿尔卑斯山是登山运动的诞生地。主峰勃朗峰（在法国境内）海拔 4 810 米，是西欧的第一高峰。

1787 年 8 月 3 日，由德索修尔率领、巴尔玛做向导的 20 多人组成的登山队，再次登上了该峰，揭开了现代登山运动的序幕。在整个登山过程中，他们进行了有关人体生理、自然环境等多方面的考察，取得了不少高山科学的宝贵资料。

后来，人们把登山运动称为"阿尔卑斯运动"，把 1786 年作为登山运动的诞生年，德索修尔、巴尔玛等人则成为世界登山运动的创始人，并得到了国际登山界的公认。

（二）"阿尔卑斯黄金时代"和"喜马拉雅黄金时代"

1850 年至 1865 年的 15 年间，阿尔卑斯山区的登山运动发展极为迅猛。世界上第一个国家性的登山组织——英国登山俱乐部，于 1857 年宣告成立。这一时期阿尔卑斯山的西欧第二高峰杜富尔峰（海拔 4 638 米）、埃克兰风峰（海拔 4 103 米）、芬斯特拉尔霍恩峰（海拔 4 275 米）等 20 多座海拔 4 000 米以上的山峰先后被征服。1865 年 7 月，英国登山运动员文培尔等人登上了当时被人们认为无法登顶的玛达布隆峰（海拔 4 505 米，岩壁陡峭，平均坡度为 65°，有的地方达 90°）。至此，以阿尔卑斯山为中心的登山运动达到顶峰，出现了"阿尔卑斯黄金时代"。

1950 年到 1964 年是人类登山运动的一个重要发展阶段。1950 年 6 月 3 日，法国运动员莫利斯·埃尔佐格和路易·拉什耐尔付出了血的代价（一人冻掉了双脚，一人冻掉了一只手），在人类的登山史上首次成功地登上了海拔 8 091 米的安纳普尔那峰。1953 年 5 月 29 日，英国登山队的依·希拉里（新西兰人）和藤辛·诺尔盖（尼泊尔人，后入印度籍）从南坡登上了珠穆朗玛峰，这是人类登山史上首次成功登上世界最高山峰。在这 14 年间，地球上有 13 座海拔 8 000 米以上的高峰先后被各国运动员征服。

与此同时，我国登山运动员也以崭新的面貌，生机勃勃地跨进了世界登山运动的行列。1964 年 5 月 2 日，中国登山队许竞、王富洲等 10 名运动员首次成功地登上海拔 8 012 米的世界第 14 高峰——希夏邦玛峰，创造了一次 10 名队员集体登上海拔 8 000 米以上高峰的世界纪录。世界登山史上将 1950 年到 1964 年这段时间称为"喜马拉雅黄金时代"。

（三）世界登山史上的伟大奇迹

20 世纪中叶，世界各国的登山运动取得了长足的发展。登山家们在向高山峰岭宣战的过程中，不断地创造出登山探险的奇迹。

意大利杰出的登山运动员莱茵霍尔特·梅斯纳就是当时最具传奇色彩的人物。他以超凡的毅力和勇气突破喜马拉雅登山"季节禁区"，成为世界上第一个在雨季不用氧气设备成功登上珠穆朗玛峰的英雄。1982 年，他首创一人在 1 年内登上 3 座海拔 8 000 米以上高峰的世界纪录。经过 16 年的努力，到 1986 年底，梅斯纳又率先征服了全球 14 座海拔 8 000 米以上的高峰，创造了世界登山运动史上的伟大奇迹。

（四）"技术登山运动"的开创

1890 年 7 月，英国登山家马默里（A. F. Mummery，1868—1895）首创钢锥、铁锁、绳结等登山工具，用新的技术从当时被认为无法攀登的兹尔玛特山脊登上玛达霍隆峰。随后，又登上 4 座针状山峰及其他一些阿尔卑斯山峰，使登山运动在技术上有了重大突破，开创了"技术登山运动"的时代。他所创造的这种登山技术后被称为"马默里登山法"。这位最先把登山从西欧阿尔卑斯低山区引向喜马拉雅高山区的先驱者，1895 年 8 月在首次冲击海拔 8 000 米以上高峰（南格帕尔巴特峰，海拔 8 125 米）时遇难。

（五）14 座 8 000 米以上高峰首次被征服

珠穆朗玛峰——世界第 1 高峰（海拔 8 848.13 米），位于中国与尼泊尔边界。

1953 年 5 月 29 日，英国登山队员依·希拉里和藤辛·诺尔盖从南坡登上有"地球第三极"之称的珠峰之巅。

乔戈里峰——世界第 2 高峰（海拔 8 611 米），位于中国新疆与巴基斯坦克什米尔地区交界线上。

1954 年 7 月 31 日，意大利登山队员勒·拉切捷利和阿·康潘尼奥登顶成功。

干城章嘉峰——世界第 3 高峰（海拔 8 598 米）位于尼泊尔与锡金的边界线上。

1955 年 5 月 25 日，英国德·白恩德、哈尔吉、布劳恩、斯特列切尔从南山脊登上顶峰，开创了人类首次征服此峰的纪录。

洛子峰——世界第 4 高峰（海拔 8 511 米），位于中国与尼泊尔边界。

1955 年 5 月 18 日，瑞士登山家弗利采姆·卢森格尔姆和莱索姆首次征服该峰。

马卡鲁峰——世界第 5 高峰（海拔 8 481 米），位于珠穆朗玛峰东南 16 千米处。

1955 年 5 月，法国登山队的拉·切利、让·库兹等 9 人登上此峰。

卓奥友峰——世界第 6 高峰（海拔 8 201 米），位于中国与尼泊尔的边界线上。

1954 年 10 月 19 日，奥地利登山队约奥·赫列尔和尼泊尔向导沿西北坡登上顶峰。

道拉吉里峰——世界第 7 高峰（海拔 8 172 米），位于珠穆朗玛峰西方 100 千米左右，尼泊尔中部地区的喜马拉雅山上。

1960 年 5 月 13 日，瑞士登山队的 8 名运动员首次征服这座被称为"魔鬼山峰"的峰顶。

马纳斯卢峰——世界第 8 高峰（海拔 8 156 米），位于尼泊尔境内喜马拉雅山的中部地区。

1956 年 5 月 9 日，日本登山队今西寿南、加藤和尼泊尔向导等 4 人首次登顶成功。

南格帕尔巴特峰——世界第 9 高峰（海拔 8 125 米），位于克什米尔境内。

1953 年 7 月 3 日，奥地利登山队的葛尔曼·布里只身登峰成功。

安纳普尔那峰——世界第 10 高峰（海拔 8 091 米），位于尼泊尔中部的喜马拉雅山上。

1950 年 6 月 3 日，法国著名登山家莫利斯·埃尔佐格和路易·拉什耐尔从西山脊登顶成功。

加舒尔布鲁木 I 峰——世界第 11 高峰（海拔 8 068 米），位于中国与克什米尔之间的喀喇昆仑山上。

1958 年 7 月 5 日，此峰被美国登山队的彼德·珊宁和安德烈·考夫曼征服。

布洛阿特峰——世界第12高峰（海拔8 047米），位于中国与克什米尔之间的分水岭上。

奥地利的登山家米·施姆加、格·布尔等人于1957年7月9日登上该峰。

加舒尔布鲁木II峰——世界第13高峰（海拔8 035米），位于中国与克什米尔之间的交界线上。

1956年7月7日，奥地利登山队的弗利茨·莫拉维克等3人沿西南山脊登上该峰。

希夏邦玛峰——世界第14高峰（海拔8 012米），是唯一完全位于中国境内的海拔8 000米以上高峰。

1964年5月2日，中国登山队许竞、张俊岩、王富洲等10人从北坡登顶成功，创造了集体登上海拔8 000米以上高峰人数最多的纪录。

四、中国登山运动的发展

我国是一个多山的国家，登山历史悠久，早在汉朝就有登山探险的记载。在司马迁所著的《史记》中曾详细记述了通过天山、昆仑山、雪山、葱岭山区"葱岭通道"的经过，汉武帝曾派遣出使西域的使者张骞打通了这条贯穿东西的山区要道，这是我国有文字记载的最早的登山探险活动。自西汉时期开始，我国就有了农历九月初九重阳节登高的习俗，这一习俗直到今天还广为流传。唐代高僧玄奘为深入研究佛学，解答佛经中的疑难问题，前往阿富汗、巴基斯坦和印度，途中经历中外山川险阻不计其数，还成功地登上了海拔6 000多米的葱岭北隅陵山。17年后，他带着1 300多卷佛经又翻山越岭返回长安。玄奘在佛教、地理、历史、翻译和登山等方面具有重大贡献和卓越成就，深受人们的敬佩。唐代是我国古代政治、经济、文化艺术各方面都十分繁荣的时代，这时的登山活动也较盛行。人们经常攀登"五岳"，即东岳泰山（山东）、南岳衡山（湖南）、西岳华山（陕西）、北岳恒山（山西）和中岳嵩山（河南）。此外，我国著名的四大佛教名山峨眉山（四川）、普陀山（浙江）、九华山（安徽）和五台山（山西）以及其他雄伟秀丽的山峰，也是人们攀登的目标。唐代著名诗人李白在有关登山的诗篇中以雄奇奔放和极度夸张的笔调，运用民间传说去描写四川山区道路的艰难险峻。他在《蜀道难》中写道："……蜀道难，难于上青天……黄鹤之飞尚不得过，猿揉欲度愁攀缘。"在《送友人入蜀》中写道："山从人面起，云傍马头生。"在《登太白峰》一诗中，李白更是抒发了他登上太白山顶峰后的灵隐飘逸和风流倜傥。全诗如下：

西上太白峰，夕阳穷登攀。

太白与我语，为我开天关。

愿乘泠风去，直出浮云间。

举手可近月，前行若无山。

一别武功去，何时复更还。

李白曾游历过秦岭主峰太白山，并登上了海拔 3 767 米的峰顶，为后人留下了《登太白峰》的伟大诗篇。明代，我国著名旅行家徐霞客从 20 岁起就开始了长达 30 多年的登山旅行生涯，走遍了我国的名山大川，进行地理考察，写下了巨著《徐霞客游记》，为我国地理科学做出了巨大贡献。

从历史文献上看，我国早在公元前 100 年左右就有文字记载的登山活动；到公元 5 世纪，玄奘等人已到达过海拔 6 000 米的高度；公元 8 世纪，李白登上海拔 3 767 米的太白山峰。而欧洲人直到 18 世纪末才登上了海拔 4 000 米以上的高峰。与欧洲早期登山活动相比，在时间及高度上，我国都处于领先地位。但现代登山运动在我国起步较晚。

（一）中国运动员首次登山活动

1955 年年初，苏联全苏工会中央理事会向中华全国总工会发出邀请，希望全国总工会能派人去苏联学习登山技术。同年 5 月，全国总工会派许竞、师秀、周正、杨德源 4 人赴苏联参加高加索登山营学习。他们和苏联运动员联合组成中苏帕米尔登山队，成功地登上了帕米尔高原海拔 6 673 米的团结峰和海拔 6 780 米的十月峰。这是中国运动员的首次登山。

（二）中国成立登山队

1956 年 3 月，中华全国总工会在北京西郊八大处举办了登山训练班，培训出了一批登山运动员，这批登山运动员共计 55 人。结业后，从 55 名学员中选出 35 人组成了登山队，这是 1949 年以来的第一支登山队，定名为"中华全国总工会登山队"。1956 年 4 月 25 日，在苏联专家的指导下，队长史占春等 32 人登上了我国东部的最高峰——秦岭山脉的主峰，海拔 3 767 米的太白山。在太白山顶，按照国际惯例，队员们把全体队员签名的爬山纪录，放在空罐头盒内，藏在用石头垒的石塔里，作为这次攀登胜利的标志。1957 年，中华全国总工会登山队登上了四川省西部海拔 7 556 米登攀难度很大的贡嘎山顶峰。这是我国运动员第一次独立组队进行的攀登活动，也是首次独立征服海拔 7 500 米以上高峰。我国登山队独立攀登贡嘎山的成功，刷新了我国登山运动的纪录。以此为标志，我国现代登山运动进入了蓬勃发展的新时期。

1958 年，国家体委将登山列为正式的体育运动项目。同年 4 月 8 日，在北京成立了中国组织、管理和推进登山运动的唯一的全国性组织——中国登山运动协会，并计划攀登珠穆朗玛峰。1960 年 5 月 25 日，我国登山运动员王富洲、屈银华、贡布在史占春队长和王凤桐、刘连满的协助下，经过两个月的艰苦拼搏，首次从北坡成功地登上了世界第一高峰——珠穆朗玛峰，我国从此跻身于世界登山运动的先进行列。1974—1981 年，中国登山队曾借用北京怀柔水上学校暂为训练基地。由于该地区的地理环境条件对登山运动员的陆上训练和休整较为理想，经国家体委批准，中国登山队把水上学校旧址改建成了登山训练基地。

（三）中国女子运动员征服世界高峰

1959 年 7 月 7 日，中国登山队潘多、西尧、周玉瑛、王义勤等 8 名女队员与 25 名男队员一同登上了帕米尔高原上海拔 7 546 米的慕士塔格峰，打破了法国科根创造的世界女子登山高度纪录。1961 年 6 月 17 日，中国藏族女子登山运动员潘多、西尧同两名男子运动员一起成功地登上了海拔 7 595 米的公格尔九别峰，创造了当时女子登山的最高纪录。1975 年 5 月，中国科学考察登山队 9 名队员（其中有一名女运动员潘多），再次征服被称为"地球第三极"的珠穆朗玛峰，创造了男女混合首次登上世界最高峰人数最多和女子登山高度两项世界纪录。

（四）20 世纪 80 年代后的中国登山运动

由于"喜马拉雅黄金时代"的辉煌，地球上 14 座 8 000 米以上的高峰被各国运动员征服，从登山运动的高度看已达到了顶点。我国登山运动员和其他国家登山运动员一样，不断选择奇、险、难的路线攀登，向一个又一个高峰挑战。1987 年 2 月 24 日，中国、日本、尼泊尔三国经 14 次磋商，在北京签订了《中日尼 1988 年珠穆朗玛 / 萨迦玛塔友好登山协定书》，制订了三国登山队分别从珠峰南北两侧攀登会师峰顶的计划，并于 1988 年 5 月 5 日，中、日、尼三国登山队员顺利实现了顶峰会师、南北跨越、顶峰电视实况转播等举世瞩目的创举。

1988 年 7 月 4 日，中国第一个登山训练用的人工岩场在北京怀柔水库建成。20 世纪 90 年代，根据国际登山运动的发展趋势，我国努力开展攀岩运动。这是一个易于学校开展的体育项目。我国攀岩水平与世界差距较大，即使与亚洲其他国家也有一定的差距。可喜的是，我国攀岩选手的后备军进步迅速。2000 年 10 月 21 日，在中国怀柔登山基地举行的"同仁堂杯"第二届亚洲青年攀岩赛暨第八届全国攀岩锦标赛上，韩国队包揽了 14 ～ 15 岁年龄组、16 ～ 17 岁年龄组、18 ～ 19 岁年龄组的男子冠军，日本队夺得两个年龄组的女子金牌，中国队的李春华赢得了 16 ～ 17 岁组的女子冠军。

（五）我国对外开放的山峰

我国拥有许多世界著名的高峰，在 14 座海拔 8 000 米以上的高峰中，有 9 座高峰在我国境内或在我国与邻国的边界线上。在我国西部，6 000 米以上的高峰星罗棋布，7 000 米以上的高峰有 150 多座。因此，世界登山界对到我国山峰抱有很大的兴趣。为了促进我国人民和世界各国人民的友好往来，增进友谊，推动我国登山事业的发展，1979 年由中国登山运动协会提议，经国务院批准，我国部分山峰开始对外开放，并建立了登山旅游机构，为各国登山探险提供交通、食宿、装备、导游等方面的服务，接待外国自费来华的登山队和登山旅游者。20 余年来已接待了数千支外国来华登山团队。我国已开放的山峰有珠穆朗玛峰、希夏邦玛峰、慕士塔格峰、公格尔山、公格尔九别峰、博格达山、贡嘎山、阿尼玛卿峰、四姑娘山、乔戈里峰、加舒尔布鲁木 I 峰、布洛阿特峰、加舒尔布鲁木 II 峰等近百座山峰及山区。

五、名人与登山

（一）近代中国名人的登山活动

中国革命的伟大先驱者孙中山一生为民主革命奋斗奔忙，但仍积极加强锻炼身体。宋庆龄自幼热爱体育运动，她追随孙中山从事革命工作以后，经常陪伴孙中山根据不同条件进行锻炼，郊游、登山、越野等是经常参加的活动。1921 年，孙中山在广州任大总统时，他们夫妇对习武和登山产生浓厚的兴趣，经常利用假日登山野游。这一时期，广西的叠彩山、虞山，广东白云山及海拔 1 000 米的鼎湖山等，都遍布孙中山夫妇的足迹。

毛泽东从青年时代起就非常重视身体锻炼，他在湖南求学时期和同学们最喜爱的锻炼方法是冷水浴、游泳、爬山、野游和露宿。毛泽东很赞同司马迁"游历"不仅能锻炼体魄，更能增长才识的看法："周览名山大川，而其襟怀乃益广。"

青年时代的毛泽东非常热爱游览登山。岳麓山和湘江两岸的许多山峰是他常去的地方。他常顶风冒雨行进在山岭中，晚上就露宿于林间路旁，他要"文明其精神，野蛮其体魄"。有一夜暴风狂雨，毛泽东浑身湿透地来到蔡和森家，原来他刚从岳麓山巅跑下来。他说特地选择这样的狂风暴雨到大山中去，以便体会《尚书》中"纳于大麓，烈风雷雨弗迷"的境界。毛泽东后来有强健的身体领导中国革命，是和他热爱登山锻炼分不开的。

李大钊生平酷爱登山。李大钊家乡在河北乐亭县，距昌黎县著名的碣石山不远，他曾多次游览这座山。相传秦始皇、汉武帝、曹操等均登临过此山。碣石山为燕山余脉，主峰玉仙台海拔695米。1916年，李大钊留日归国，投身革命运动，再次登临此山，写下了充满深邃思想的诗句："云在青山外，人在白云内，云飞人自还，尚有青山在。"李大钊多次登览，曾著《游碣石山杂记》一文，详述其登山游览的感受与收获。

冯玉祥将军曾畅游许多名山大川，并留下题词。1936年，他被迫离开民众抗日同盟军，曾隐居于泰山，遍览泰山景色。

1924年，教育家杨贤江在《莫忘了体育》一文中写道："在假日或特别节日则结队往郊外旅行，大家背着行囊，带着干粮，渡河翻岭，测地探幽，或则狂歌蛮舞，或则比武击拳，这仿佛同行军一般，但更觉活跃，更可愉快。"

近代中国虽然还没有开展当今世界流行的高山登山运动，但人们对登山运动的认识，已经达到一个新时代的高度。

（二）世界知名登山运动员简介

登山是人类征服自然最雄伟、最令人肃然起敬的体育活动之一。世界登山勇士们在攀登众多世界高峰的过程中，曾留下许许多多可歌可泣的动人事迹，他们在征服自然、攀登世界高峰中所表现出的英勇无畏、忘我牺牲精神可以震撼一切人的心灵。

（1）巴尔玛和巴卡罗（法国）——登山运动的创始人。

（2）F.施密特和T.施密特（德国）——1932年，第10届奥运会登山项目比赛冠军。此后，历届奥运会均未再设登山项目。

（3）玛丽·巴拉登（意大利）——征服西欧最高峰勃朗峰，揭开了世界女子登山史的第一页。

（4）埃特瓦特·温帕（英国）——1865年6月下旬至7月中旬，与4名同伴接连攀登了阿尔卑斯山3座处女峰。他的成功使当时阿尔卑斯登山运动达到了"黄金时代"的高潮。后来他们在征服阿尔卑斯山最难攀登的玛达霍隆峰时不幸坠入深谷身亡，这是当时震惊登山界的一起重大事件。为纪念温帕等人的功绩，焦拉斯峰被命名为"温帕峰"。

（5）A.F.马默里（英国）——"技术登山运动"的创始人。

（6）迭林法斯（德国）——1934年，她与男队员一起登上喜马拉雅山希阿堪利西峰（海拔7 315米），成为世界上第一个突破7 000米高度的女登山运动员，获得"全世界最高妇女"的荣誉称号。

（7）依·希拉里（新西兰）——1953年5月，从南坡成功登上世界最高峰珠穆朗玛峰。这是人类历史上首次征服世界第一高峰。由于他为国际登山运动做出了贡献，英国女王授予他爵士称号。希拉里在 20 世纪 50 年代和 60 年代的登山活动中都取得了出色的成就。他于 1951 年首次进入喜马拉雅山区登山，并参加了以英国著名登山家 J. 亨特为队长的英国攀登珠穆朗玛峰登山队。1958 年 1 月 3 日，他随英国南极探险队胜利地到达南极点。20 世纪 70 年代，他曾长期旅居尼泊尔，为尼泊尔培训了不少高山登山向导。

（8）尾崎隆和重广恒夫（日本）——1980 年 5 月 10 日，两人沿靠近珠穆朗玛峰西山脊霍恩拜茵大岩沟的路线直上顶峰成功，开辟了第 6 条攀登珠峰的路线，该线路称为"北壁直上路线"。

（9）莱茵霍尔特·梅斯纳（意大利）——突破喜马拉雅山雨季的"季节禁区"，是在雨季不用氧气设备成功登上珠穆朗玛峰的英雄。1982 年，首创一年独自登上 3 座 8 000 米以上高峰的纪录。到 1986 年底，率先征服全球所有的 14 座海拔 8 000 米以上高峰，创造了世界登山史上最伟大的奇迹。

（10）加藤保男（日本）——1982 年 12 月，从尼泊尔一侧东南山脊登上珠穆朗玛峰，突破了喜马拉雅山严冬"季节禁区"。由于他在 1973 年 5 月和 1980 年 3 月曾两次登上珠峰，从而成为世界上第一个在 3 个不同季节里登上珠峰的登山家。

（11）加里·鲍尔和罗布·霍尔（新西兰）——从 1990 年 5 月到 12 月 10 日，仅用 7 个月的时间，他们先后征服了世界各大洲的最高峰（包括珠穆朗玛峰）7 座。

（12）田部井淳子（日本）——1975 年 5 月 16 日，她从南坡登上珠穆朗玛峰，成为世界上第一个征服"地球之巅"的女性。她和中国女子登山运动员潘多为联合国 1975 年确定的国际妇女节增添了光彩，同被誉为"为全世界妇女争光的人"。此后 15 年中，她先后征服了西欧、非洲、南美洲、北美洲、南极洲的最高峰，成为世界上唯一征服六大洲最高峰的女子登山家。

（13）卡特琳·德斯蒂韦勒（法国）——1992 年 3 月 9 日，32 岁的德斯蒂韦勒成功登上了艾格尔山，成为第一个在冬季由北坡（被称作"阿尔卑斯山脉中最危险的陡坡"）独自一人登上该山顶峰的女性，赢得了"登山皇后"的美誉。法国总理克勒松及青年和体育部长布勒丹专门向她发来贺电，她一夜之间成为法国家喻户晓的民族英雄。

（14）史占春（中国）——1986 ～ 1993 年间任中国登山协会主席，1957 年被授予"登山运动健将"称号，1960 年、1988 年两次获得国家体委颁发的体育运动荣誉奖章。

（15）许竞（中国）——曾任中国登山协会副主席，1958 年被授予"登山运动健将"称号，I960 年、1964 年两次获得国家体委颁发的体育运动荣誉奖章。

（16）王富洲（中国）——1958年毕业于北京地质学院，同年参加中国登山队。先后登上苏联境内的列宁峰（海拔7 134米）、中国境内的慕士塔格峰（海拔7 546米）和希夏邦玛峰（海拔8 012米）。1960年，中国登山队从北坡攀登世界最高峰珠穆朗玛峰时，他担任突击组长，和贡布、屈银华一起，于5月24日上午9时30分从海拔8 500米的突击营地出发，突击顶峰。到达海拔8 800米附近，已天黑。为了争取时机，赶在坏天气到来之前登上顶峰，王富洲等3人坚持夜间行军，终于在25日凌晨4时20分登上了顶峰，首创了从北坡攀登珠穆朗玛峰的世界纪录。中国国家体委曾多次为王富洲记功，并两次授予他体育运动荣誉奖章。

（17）屈银华（中国）——他从小随父在四川西部的森林里当伐木工，曾多次被评为劳动模范。1958年参加中国登山队，曾先后登上苏联境内的列宁峰（海拔7 134米）、中国新疆内的慕士塔格峰（海拔7 546米）和中国西藏境内的念青唐古拉东北峰（海拔6 177米）。1960年5月，他和王富洲、贡布3人首次从北坡登上珠穆朗玛峰。在突击顶峰过程中，为打通位于海拔8 600米以上极端困难的路段——"第2台阶"，屈银华不怕冻伤，脱掉高山靴，攀上峭壁。中国国家体委曾授予他体育运动荣誉奖章。

（18）潘多（中国）——她出生于藏族农奴家庭，从小为农奴主种地、放牧。西藏和平解放后，成为西藏第一代农场工人。1959年参加中国登山队，同年登上了慕士塔格峰（海拔7 546米），1961年登上了公格尔九别峰（海拔7 595米），两次创造了当时女子登山世界纪录。1975年，已是3个孩子的母亲、年龄37岁的潘多，再次参加中国登山队攀登珠穆朗玛峰的活动。5月27日，潘多和其他8名男队员经过艰苦行军，成功地登上了珠穆朗玛峰，成为世界第一个从北坡登上珠穆朗玛峰的女性。中国国家体委为她记特等功，并3次授予她体育运动荣誉奖章。

（19）索南罗布（中国）——1965年参加中国人民解放军，1966年开始参加中国登山集训队。在1975年攀登珠穆朗玛峰的活动中，他带领潘多、罗则、侯生福、桑珠、大平措、贡嘎巴桑、次仁多吉、阿布钦8名队员在突击顶峰时仅用40分钟就攀越了位于海拔8 670～8 700米的"第2台阶"。登上顶峰后，为测量珠穆朗玛峰的准确高度，他们安设了高3米的金属觇标，并为高山生理、地质、地貌等学科搜集了资料，采集了标本与样品，在未用人造氧气的情况下，工作了70分钟。为此，中国国家体委给他记了特等功。

（20）罗则（中国）——1960年开始登山运动，先后参加了1960年攀登珠穆朗玛峰和1964年攀登希夏邦玛峰的活动。1975年，他和其他8名运动员成功地从北坡登上了世界最高峰——珠穆朗玛峰。为此，中国国家体委为他记特等功。

（21）侯生福（中国）——1960 年，参加中国登山队攀登珠穆朗玛峰的活动。1966 年，参加中国登山队赴珠峰训练时，曾登达海拔 8 100 米的高度。1975 年，他和其他 8 名队员成功从北坡登上世界最高峰——珠穆朗玛峰。为此，中国国家体委为他记特等功。

（22）桑珠（中国）——1974 年开始参加登山活动。1975 年，他和其他 8 名运动员一起成功地从北坡登上世界最高峰——珠穆朗玛峰。为此，中国国家体委为他记特等功。

（23）大平措（中国）——1966 年开始参加登山活动。1975 年，与其他 8 名运动员成功地从北坡登上了世界最高峰——珠穆朗玛峰。为此，中国国家体委为他记特等功。

（24）贡嘎巴桑（中国）——1966 年开始参加登山活动。1975 年，与其他 8 名运动员成功地从北坡登上了世界最高峰——珠穆朗玛峰。为此，中国国家体委为他记特等功。

（25）次仁多吉（中国）——1966 年开始参加登山活动。1975 年，与其他 8 名运动员成功地从北坡登上了世界最高峰——珠穆朗玛峰。为此，中国国家体委为他记特等功。

（26）阿布钦（中国）——1974 年开始参加登山活动。1975 年，与其他 8 名运动员成功地从北坡登上了世界最高峰——珠穆朗玛峰。为此，中国国家体委为他记特等功。

（27）邬宗岳（中国）——毕业于成都地质学院。1959 年参加登山活动。1961 年，攀登海拔 7 595 米的公格尔九别峰时，他和另外 3 名运动员一起登上了顶峰。1964 年，他又登上了海拔 8 012 米的希夏邦玛峰。1975 年，中国登山队再次从北坡攀登珠穆朗玛峰时，他率队在一次突击顶峰的活动中于海拔 8 450 米处遇难。国家体委曾为他记特等功，并多次授予他体育运动荣誉奖章和奖状。

（28）刘连满（中国）——1956 年参加登山活动。1960 年，他接受了参加中国登山队首次从北坡攀登珠穆朗玛峰突击顶峰的任务。在突击组攀登位于海拔 8 700 米处的"第 2 台阶"最后约 5 米高的峭壁时，他用双肩连续托顶 3 位同伴登上了艰险的"第 2 台阶"顶部。因体力消耗过大，只好单身留在"第 2 台阶"顶部。当时他冒着生命危险把身边仅有的人造氧气留给突击顶峰的同伴下撤时使用，为此他被誉为舍己为人的典范而受到人们的称赞。国家体委曾多次为他记功并授予奖章、奖状。

（三）北京大学登山队

这是由北京大学学生社团山鹰社组织的一个群众性高山登山探险团体。山鹰社（原名北京大学登山协会）成立于 1989 年 4 月 1 日，在北京大学团委注册，1990 年 4 月 2 日改为现名，主要活动为登山、攀岩、科考和郊游，社团精神是"山鹰之歌"："存鹰之心于高远，取鹰之志而凌云，习鹰之性以涉险，融鹰之神在山巅。"实行集体领导制和社长负责制，理事会为最高权力机构，一般由 5~10 人组成，社长向理事会负责，下设秘书处、攀岩队、训练部、交流部、宣传部、科考部、财务部、资料部和《山友》编辑部。编有社刊《山友》（月刊）。现有 15 米高的钢结构人工岩壁一座（内设山鹰社办公室），立在北京大学校内美丽的未名湖畔。每年春秋开学初，面向全校师生招聘两次，每周两次体能训练，周末一般有郊外攀岩、爬山和制作植物标本等活动。寒假有以攀冰和定向越野为内容的 3 天冬训，每年暑假一般组织两个重大活动：面向老少穷三边地区的社会考察活动和攀登雪山活动。队员由理事会本着爱社、爱山、贡献、协作、体能和年级接替的精神，根据社员的申请，从全体社员中选拔。

北京大学登山队开辟了我国民间高山探险活动的新纪元，是我国民间颇具实力的一支业余登山组织。北京大学素有高山登山探险的传统，早在 20 世纪 50 年代就涌现出一大批国家登山运动员，并出现了中华人民共和国第一位登山烈士丁行友。在新时期，北大登山队自筹资金，自我管理，自担风险，由公司企业提供赞助，每年攀登一次雪山。它已经积累许多装备和经验，培养出 10 名国家一级登山运动员和许多国家二、三级登山运动员，为发展中国群众性登山事业闯出了新路子，也展示了中国当代大学生、当代青年及北大的风采，是北大精神的集中体现。

1990 ～ 1997 年，北京大学登山队实现 8 次雪山攀登和 6 座海拔 6 000 米以上雪山登顶的登山纪录。1990 年攀登玉珠峰，这是北大登山队首次攀登雪山，也是中国民间首次以社团形式攀登雪山。玉珠峰海拔 6 178 米，在青海省格尔木市境内，属东昆仑山脉，山顶浑圆，终年积雪。这次登山队由 11 名队员（其中 3 名女性）组成，队长是谢如祥和曹峻。在中国登山协会推荐的熊继平教练的带领下，队员分别于 8 月 24 日、26 日、27 日从南坡陆续登顶。这次首创性的成功，开辟了北京大学新时期的登山史。

1991 年，初试誉满中外的"冰川之父"——慕士塔格峰。慕士塔格峰在新疆塔什库尔干塔吉克境内，海拔 7 546 米，山体浑圆和缓，16 条巨大冰川流向四方，山体外围被切割成深达 1 000~1 500 米的冰川峡谷和布满裂缝的冰瀑，是登山家和科学家向往的地方。这次是北大登山队到目前为止仅有的一次登顶未遂，但整个过程升华了登山的意义，队员在登山过程中义无反顾地参加了 3 次救援行动：第一次是 3 名朝鲜队员在山上失去联系 3 天，北大队员谢如祥请战，从山脚搜到海拔

6 100 米左右的地方，牵一个拉一个地把他们带下山。第二次是一位德国人阑尾炎发作，北大队员拉加才仁（藏族）参与担架队伍。第三次是拉加才仁把因低血糖急需下撤的雪豹队队员李蓉救下二号营地。当时正值国家登山协会在那里举办国际登山节，北大队员的行为得到中外登山家的赞扬。

1992 年，征服念青唐古拉中央峰。念青唐古拉山脉是藏南藏北的分水岭，在羊八井以北 20 余千米处，青藏公路西侧的当雄草原旁。西北—东南走向排列着 4 座海拔 7 000 米以上的雪山，中央峰海拔 7 117 米。此次有队员 10 名（其中 2 名女性），队长为李锐。8 月 17 日，李锐、拉加才仁和吴海军 3 名队员登顶成功。1993 年重返慕士塔格峰，共有队员 13 名（其中 2 名女性），队长为吴海军。8 月 13 日，10 名队员克服坡缓路长、天气恶劣的种种困难，胜利登顶。10 名登山队员获得国家一级登山运动员称号，他们是王诗成、李锐、吴海军、陈庆春、唐元新、李棺中、徐刚、叶峰、徐珉和刘俊，在国内外反响很大。

长江源头各拉丹冬峰，海拔 6 621 米，雄峙于唐古拉山脉中段，在青海西州境内，山脊呈锥形，切割破碎，南侧姜根迪如冰川融水汇成小溪，向北流出 9 千米，与其他支流汇成沱沱河。1994 年，北大登山队有个响亮的口号——"回到长江源"。这次登山共有队员 15 名（其中 2 名女性），队长徐珉。11 名队员分别于 8 月 5 日和 8 月 7 日登顶，这是炎黄子孙第一次登上长江源头的雪峰。

1995 年首次开展国际交流，与日本福冈大学岳会联合攀登宁金抗沙峰。宁金抗沙峰为藏族四大神山之一，坐落在拉轨冈日山脉东段，海拔 7 206 米。山体雄伟，危岩矗立，顶部尖锥突兀，形如鹰嘴，一年四季，气雾笼罩。北大有队员 15 名（其中 2 名女性），指导老师郝光安，队长张勤。日方有队员 10 名。8 月 17 日，中日两国各有 4 名队员登顶，其中北大队员是陈庆春、郑晓光、朱建红和唐元新 4 人。这次登山为中日两国人民的友谊和文化交流做出了贡献。

1998 年，北京大学建校一百周年，1996 年、1997 年、1998 年构成百年校庆登山系列。1996 年攀登玛卿冈日峰。玛卿冈日峰海拔 6 282 米，属东昆仑山脉的阿尼玛卿山，在青海省果洛藏族自治州境内。峰顶呈金字塔形，东西两侧悬崖峭壁，终年积雪，晶莹闪亮。登山队由 13 名队员（其中 2 名女性）组成，队长朱建红，其中陈庆春、李靖、张春柏、陈光、高永红 5 人于 8 月 1 日登顶。1997 年攀登东昆仑玉朱峰，队长是鲁纪章。19 名队员（其中 3 名女性）分别于 8 月 4 日、9 日、10 日从北坡两条路线分 5 批 21 人次全员登顶，实现顶峰会合，这是中国人首次从北坡登顶。在某种意义上，这两次活动是为 1998 年活动做准备。1998 年 5 月 4 日是北京大学百年校庆日，作为校庆庆典活动之一，北大登山队于 4 月 21 日

13 时 15 分征服了世界第六高峰——卓奥友峰。卓奥友峰海拔 8 201 米，属喜马拉雅山脉，东临珠穆朗玛峰，西临世界第十四高峰——希夏邦玛峰（海拔 8 012 米），山体高大壮丽，雪峰岩峰尖峭，直插云霄。西藏登山队曾于 1985 年 5 月 1 日征服这座山峰。

北大山鹰社及其登山队是中国高校校园里的一大奇葩，也是中国登山史上的奇观。

第二节　户外登山运动分类

户外登山运动有详细的分类，目前开展的各项户外登山运动分为高山探险、技术登山和徒步登山等。

一、高山探险

高山探险是指运动员通过使用器械和装备，挑战并承受各种恶劣自然条件，以登顶海拔 6 000 米以上的高峰为目标的活动。

高山探险登山对登山者（通常是训练有素的专业登山运动员）有着较高的要求。首先，登山者要有良好的身体素质和坚强的意志。在登山过程中，登山者将面临滚石、陡壁、雪坡、狂风、严寒及高山缺氧等多种困难和难以预料的险情，登山者必须具有良好的身体素质、坚强的意志和对各种恶劣自然条件的高度适应能力。其次，登山者还应具备一定的科学技术知识，能运用各种登山技术装备，排除各种险情，胜任行军、露营和炊事工作，还要学会使用通信、摄影、气象和科研等器材。最后，登山者还要有结合相应专业进行综合科学考察的能力。高山探险所涉及的山区，往往是一般科学工作者平时难以深入的地区，而登山运动员在高山缺氧的环境中，比一般科学工作者活动能力强，登山运动员有自己的学科专业或相应的学科知识，就可独立或协助科研人员进行有关学科的科学考察。中国登山队已成功攀登贡嘎山、慕士塔格峰、公格尔九别峰、珠穆朗玛峰、希夏邦玛峰、托木尔峰、纳木那尼峰、南迦巴瓦峰等世界著名高峰，高山探险是我国最早达到了世界先进水平的运动项目之一。我国登山运动与科学考察第一次有计划的结合，始于 1957 年攀登贡嘎山。这次登山活动吸收了北京大学、北京农业大学、武汉医学院、成都中心气象台的 6 名科学工作者参加，对贡嘎山的气象、地质、地貌等进行了考察，同时进行了一些高山生理学研究，初步收集了一些有价值的资料。1960 年，在国家体委的组织下，由中国科学院及有关科研单位、大专院校的 46 名科学工作者组成的考察队，第一次对珠穆朗玛峰进行了全面的科学考察。

高山探险运动有一定的危险性，参与者必须具备足够的相关知识与技术，配备最为高端的装备，而且最好能够组队。

二、技术登山

19 世纪末，兴起了一种在各种技术装备的辅助下，运用熟练的攀登技术，专门攀登悬崖峭壁或冰壁的登山活动，这种运动被称作技术登山。

随着技术登山运动的不断发展，产生了攀岩运动。

之后，技术登山形成了两种鲜明的风格：以苏联运动员为代表的力量型和以法国运动员为代表的技术型。

这两种技术类型各有所长，但从发展现状以及普及程度上来讲，技术型登山似乎更有魅力，所以许多登山爱好者将其称为"高山芭蕾""岩壁上的艺术体操"等。

（一）竞技登山运动

竞技登山运动是登山运动项目之一。它是一种运用熟练的攀登技术和各种技术装备，专门攀登悬崖峭壁或冰壁的登山活动。1865 年，英国登山家埃德瓦特首次使用钢锥、铁链和登山绳索等简易装备，成功地攀上险峰，从而成为攀登技术的创始人。1890 年，英国登山家又改进了攀岩工具，发明了打楔用的钢锥、钢丝挂梯以及各种登山绳结，使攀登技术发展到更加成熟的阶段。在欧洲，诸多登山者将登山的目标转移到亚洲高山区的同时，西欧以阿尔卑斯山为中心的竞技登山运动也活跃了起来。欧洲登山界把各种陡峭难攀的岩壁划分出 6 个不同的难度等级，开展攀登竞赛。20 世纪 70 年代，欧洲攀登高手已不满足于 6 个难度级别，因而出现了第 7 级的高难度级别；20 世纪 80 年代又出现了第 8 级的特高难度级别。

（二）攀岩运动

攀岩运动是登山运动项目之一，是一项不用攀登工具，仅依靠手脚和身体的平衡攀登陡峭岩壁或人造岩墙的竞技性运动项目。通俗来讲，攀岩运动就是在岩壁上比赛攀登本领的一项活动。根据竞赛规程，攀岩比赛可分为难度攀岩（比攀登的高度、技巧）及速度攀岩（比攀上陡壁的速度）两种。

攀岩是高山探险活动中通过陡峭的冰雪岩石地形的一种基本攀登技术，曾是训练登山运动员的一种手段。自 20 世纪 50 年代开始，欧洲一些人们将攀岩作为一项新的运动项目开展起来。1965 年，世界第一面人造岩墙在英国的威尔士建成。1974 年攀岩项目被正式列为国际竞技体育运动项目。最早倡导这项运动的是苏联。

1974 年 9 月，苏联和捷克斯洛伐克的登山组织在苏联克里米亚举办了首届国际攀岩锦标赛，有来自 12 个国家的 213 位选手参加了比赛。在第一届国际攀岩锦标赛的基础上，由苏联倡议，国际登山联合会决定，每两年举行一次世界攀岩锦标赛及世界杯攀岩赛。攀岩运动和技术水平不断提高，规则也日益完善，现已形成了个人单攀赛、自选路线攀岩赛、双人结组攀岩赛和小队（集体）攀登赛 4 个比赛项目。目前，国际登山联合会（UIAA）正在努力争取将攀岩比赛列为奥运会项目，为了达到此目的，50 多个会员国将逐步建立地域性攀岩委员会，统筹安排各地区的攀岩赛事。1990 年 9 月成立了亚洲攀岩委员会，1992 年 11 月在韩国举办了亚洲第一届攀岩锦标赛。亚洲攀岩运动起步较晚，但进步很快，尤其在韩国、日本已具有相当规模。我国于 1987 年 10 月，在北京怀柔首次举办全国攀岩邀请赛（后改称全国攀岩锦标赛），并邀请日本、中国香港队参赛，现已举办了 14 届攀岩比赛。1998 年 7 月，在华山举办了"钟楼杯"国际攀岩邀请赛。1999 年 9 月，第八届亚洲攀岩锦标赛在华山举行。

攀岩运动员在攀登时虽设有安全保护装置，如绳索、铁锁等，但不允许使用，只能靠运动员的两手两脚抓蹬岩面上突起的支点、棱角或裂缝，移动 4 点中的一点向上攀登，这就需要勇往直前的气魄、充沛的体力和精湛的攀登技巧，因而这项运动极富挑战性。在紧张的比赛中，运动员不但必须发挥出自身的全部力量，还要集耐力、柔韧和平衡能力于一体，利用岩壁上那些难以把握的支点向上攀登，完成腾挪、蹿跃、引体向上等动作，使观众在惊险的表演中得到一种美的享受。

三、徒步登山

徒步登山运动也称健身登山，一般是在海拔 3 500 米以下的山地进行。徒步登山与高山探险运动相比，能够得到明显的安全保障。适合徒步登山的山地地形在我国分布广泛，有很多离城市较近、交通方便的山区都成为当地居民进行户外运动的场所。

徒步登山运动要有组织、有计划地进行。例如，在进行户外运动前，首先要将专业装备与随行装备准备齐全，以应对户外登山运动所需。徒步登山运动最好有 3 ～ 5 人参加，途中可以互相帮助、互相照顾。

登山者在出发前应该对将要经过的地区及地形情况、自己的身体状况（如有下肢血管病、皮肤溃疡及扁平足症者不宜徒步旅行）以及当时的气候条件有所了解，确保出行安全。

由于登山技术装备和登山技术等各种条件的限制，广泛开展探险登山和竞技登山比赛是不可能的。但是，与旅游和群众性体育活动相结合，组织一些难度较低、装备条件要求简单的登山活动和攀岩比赛还是可行的。普通登山活动有两种：旅游登山和定向登山比赛。

旅游登山是旅游和登山相结合的活动，历史悠久。现代的旅游登山是20世纪70年代初随着登山运动的发展而兴起的。20世纪80年代以后，西欧、日本、美洲和港台地区的登山旅游活动非常活跃。在我国，由于中国登山队的成就及其在野外科学考察中的特殊贡献，群众性的大型登山活动逐步开展起来。一些大专院校先后成立了登山协会，这些协会主要利用假期组织青少年登山夏令营，并普及登山基本技术和知识，同时还根据国家登山任务的需要，选派队员参与执行国家任务。1984年9月，中国登山协会与全国体育总会群体部、宣传部联名发出倡议，为了进一步丰富广大人民群众的业余文化生活，把重阳登高这一习俗逐步恢复起来，各地要因地制宜地开展多种多样的群众性登高游山等体育活动。东岳泰山向来以"五岳独尊""登泰山而小天下"称誉海内外，泰安人历来就有"阳春三月，岱山踏青"的传统。1985年3月13日，泰安地区和泰安市联合举行了万人登山活动，有2 000多人到达泰山的顶峰。为保持这一传统，促进经济文化交流，自1987年重阳节开始，中国登山协会与泰安市一起举办的泰山国际登山节已举办了14届，来自世界数十个国家和地区的上万名运动员参加了重阳节登泰山比赛，该登山节现已成为国际著名的群众登山活动之一。在拉萨、秦皇岛、张家口等地，近年来也都举办过规模盛大的万人登山活动。在北京，自1984年开始，每年的重阳节，香山公园都会有很多群众举行登山比赛。自1996年开始，中国登山协会与北京市体委一起，在每年的元旦，组织数万名群众参加八达岭元旦万人登长城活动，该活动成为北京市重要的群众登山活动之一。

定向登山比赛也是一项普通登山活动，在欧洲、日本等地开展得较为普及。与旅游登山的不同之处在于，它是一种比赛性的登山活动。因此，组织起来比旅游登山更严密，也更具有程序性。通常要事先选定一座山峰，攀登难度不宜太大，以登顶为目标。将参加比赛的登山者分为若干个小组，从一个出发点同时出发，按事先规定的路线越过草坡、山间河流或小溪（难度稍大时还会有冰雪坡），选择宿营地点，攀登岩石峭壁等，登上顶峰后下山返回原出发地点或指定地点。在路线上，每一段特殊地形，如渡河点、峭壁、宿营地等处，都设有裁判员。裁判员对各组通过特殊地形时的路线选择、通过方式、技术装备的使用、攀登技术的运用、宿营地点的选择（地点选择是否安全、生活方便与否、帐篷搭设是否合理等）

进行评定。这种登山比赛要求参加者受过较为系统的训练，因此多在大专院校学生中和军队中进行。

第三节　户外登山运动益处

登山运动对人的身体益处良多，如提高视力、心肺功能以及四肢协调能力，消耗体内多余脂肪、延缓人体衰老等。在保证安全的情况下，多进行登山运动是非常有意义的。

一、促进新陈代谢

山顶空气稀薄，登山野营活动的运动量较大，野餐的热度难以满足体内需求，所以登山运动能够大量消耗人体内聚集的脂肪组织，尤其是腰腹部的脂肪组织，以达到塑形的功效。另外，爬山属于有氧运动，在登山的过程中肌肉获得的氧气比平常高出 10 倍，这样便使血液中的蛋白质增多，免疫细胞数量增加，能够帮助身体排泄有害物质，促进新陈代谢。

二、增强心脏功能

山中自然生长的树木丛林与草地会释放大量氧气。人在山间行走，能够有效地改善肺部通气量，增加肺活量，提高肺的功能，还能增强心脏的收缩能力。众所周知，跑步运动对增强心脏功能有很大的帮助，而登山运动也能增强心脏功能。当人在进行登山运动时，身体通过肌肉收缩向前移动，这些运动增大了心脏的负担，所以心脏需要快速收缩，加大力量。随着山坡的倾斜度逐渐变大，心脏的收缩也越来越快，负担变得更大，因此在运动的同时使心脏得到很好的锻炼，逐步增强了心脏机能。

三、提高视力

登山运动对于治疗近视、增强可视距离也有一定的帮助。在山野尤其是山巅之上，登山者可以向远处眺望，有效地缓解眼部肌肉的疲劳。

四、延缓衰老

人体的正常代谢中会产生一种叫作自由基的有害物质，它能破坏人体细胞膜，溶解人体正常细胞，引起人体组织的衰老甚至变异。而氧负离子可以有效结合自由基，使之排出体外。有关数据表明，城市街道上氧负离子的单位含量仅有100～300,而山区森林中可达数万。因此，在大山中行走、野营完全可以有效对抗有害自由基，延缓衰老。

五、塑形

登山时，腿部动作可使臀大肌和股四头肌得到有效锻炼。对于减少腿部脂肪、塑造上翘的臀部很有帮助。

第四节　户外登山运动装备的类型

无论参加何种类型的登山项目，随身携带的装备都是必不可少的。在登山活动中，登山者都会携带哪些装备呢？

一、穿戴

穿戴装备就是登山者所穿戴的服饰与配件，如冲锋衣、遮阳帽、防滑手套、排汗内衣和登山靴等。每一件穿戴装备都有其用处和功效，所以并不是看上去那么简单。

冲锋衣能够有效抵挡大风的侵袭，而登山靴可以有效增加脚部缓冲，为脚部增加抓地力，使人在山间陡坡也能够安稳地行走。在登山之前，要仔细了解每项穿戴装备能够发挥的作用。

二、随行

登山随行装备就是一个完整的生存体系，根据登山项目的类型与山地情况进行选择。它包含诸多元素，如吃、住、行、急救、通信等。随行装备应尽量带齐全，但也不必过于繁杂。在出发前挑选有用的随身携带，否则会增加随行重量。

三、专业

专业装备就是与登山运动紧密联系、不可或缺的装备，应严谨仔细地掌握登山装备的类型和作用。不同的登山难度、类型与山峰高度都有相应的一套专业性装备。挑选装备时务必严格审视产品质量，这样才能安全地进行登山运动。

登山之前，登山者往往会根据山峰的高度来进行装备的选带，避免造成负重过多，同时也确保所携带的装备都有指向性。

（一）1 000 米以下的山

背包：要求质地结实、防水（也可携带防水罩），有腹扣、胸扣，有良好的背负系统，多口袋，容积大概为 35 升。

服装：冲锋衣裤、抓绒衣裤（冬季）、排汗内衣。切记不要穿牛仔裤和棉内衣。户外着装可坚持三层穿衣原则，冬天保暖层厚一点，春秋季节薄一些，

鞋子：轻便、防滑、防水的户外鞋，鞋子的防水很重要。

登山杖：一定要准备，能够有效减轻膝盖的压力。

一般海拔每上升 1 000 米，气温会下降 6℃。

（二）2 000 米以下的山

服装：冲锋衣裤（必备）、抓绒衣裤、排汗内衣、羽绒服（冬季）。

鞋子：专业户外鞋，必须要防水，还要轻便舒适。另外，再准备一双备用袜子和两个塑料袋。

背包：质地结实、防水，防雨罩也要带上。

登山杖：由于山峰有一定高度，登山杖必须携带。

随行装备：佩带防潮垫、头灯、炉头、套锅、保温水瓶和快干毛巾等。

推荐食品：挂面、方便面、面包或油饼、火腿、腊肉、榨菜、水果、咸鸭（鸡）蛋和蔬菜等。

（三）3 000 米以下的山

这个高度不得不考虑的环境因素有 4 个：高度、风速、湿度和温度。自身穿戴必须符合环境的变化。

服装：冲锋衣裤（必备）、抓绒衣裤、排汗内衣、羽绒服（冬季）、毛料的长衣长裤（冬季）、速干衣裤（夏季）。

鞋子：准备一双登山鞋、一双徒步鞋，登山鞋用于登山时穿，徒步鞋在放松或露营时穿。登山鞋要具备减震、防滑、耐磨、防水和透气等功能，在秋冬季节也能起到较好的保暖作用。

登山杖：必须携带。

登山包：随着山峰高度的增加，所携带的装备也会增多，建议选择容积在 45 升左右的防水背包。

纯棉袜：携带 3 双，以便更换。

随行装备：保温水瓶、速干毛巾、对讲机、手套、帽子、应急医药包、防蚊虫

用具和照明设备等。如需过夜，则另需帐篷、睡袋、防潮垫、炊具、炉头、燃气罐。

　　食物：零食以能量棒、糖果、牛肉、干巧克力和肉松等高能量食物为主。建议携带适量压缩饼干备用，最好带一瓶功能型饮料。

课后习题：

1. 户外登山运动的起源是什么？
2. 户外登山运动分为哪些类型？
3. 户外登山运动对身体有什么好处？

第二章　登山前的注意事项

学习目标

1.明确自己适合攀登的山峰
2.多种多样的登山方式
3.学会制订登山计划
4.学会阅读地图
5.熟知登山的规则和礼节

第一节　选择适合自己攀登的山峰

一般我们在说"某某山"时，指的是整座山或者山的顶峰。同一座山或同一个顶峰也因登山路线不同而难度各异。登山杂志以及导游手册上会介绍适合初级登山者、中级登山者以及高级登山者的路线。在选择攀登的山峰时，具体需要从季节和登山路线、高低落差、所需时间、危险地点数目4个方面来进行考察。通过考察就能选择难度适宜的山。

一、季节和登山路线

即使是同一座山，攀登难度也会随着路径不同而改变。此外，同一登山路径也会随着季节变化而有很大不同。在不同季节登山时，一定不能因为以前攀登过这座山就掉以轻心，务必确认当前时期的山路状况以及攀登难度。

二、高低落差

说到山，首先大家关心的应该就是海拔。大家普遍认为海拔低的山容易攀登，而海拔高的山适合高级登山者，但是事实并非如此简单。高低落差不仅与峰顶的海拔高度有关，还随着登山口位置而大幅改变。海拔不到1 000米的山也可能因为登山口的位置关系，比海拔3 000米的山落差还大。

三、所需时间

要确定登山导游手册中关于户外时间的记载。上山、下山或走平路使得步行时间大不相同，步行距离不具参考价值，制订有充足时间的计划尤为重要。

四、危险地点数目

危险地点因山不同，有的登山路线要过铁索桥、爬梯子或者渡河等。初级登山者在登山时应避开这类路线。为了避免危险，需要事先确认。

第二节 多种多样的登山方式

登山的方式有很多种。从时间长短上讲，是当天就能往返的登山，还是花费好多天，翻山越岭进行山脉纵走；就山的类别而言，是攀登普通的山还是雪山；从行进方式上讲，是溯流而上还是攀岩等。此外，即使是同一座山，因季节和登山路线的不同，登山方式也可能完全不同。

我们需要根据自己目前的状况选择登山方式，然后选择可用这种方式攀登的山峰。

一、攀登雪山

攀登雪山虽然极具吸引力，但是铺装整齐的登山道被积雪覆盖，遇险或是坠崖这类危及生命的险情也大为增加。一定要先在没有积雪的山上积累经验后，再与向导或富有经验的人一同去攀登雪山。

二、当天往返的登山

对初学者而言，最方便体验登山乐趣的是当天往返的登山。计算出上山下山所需的时间以及家和登山口之间的往返时间，在合理的范围内选择要登的山。虽说当天即可往返，但并非没有危险。仔细制订计划，为应对意外状况早做准备。首先可以尝试一下大约3小时的登山路线。

三、山脉纵走

山脉纵走不同于以登顶一座山峰为目标的单峰登山，是指以登顶两座以上的山为目标，顺着山脊从一座山徒步到另一座山的登山方式。途中可以欣赏到左右两侧的雄壮风光，非常具有吸引力。但此方式需要花费数日，时间长的甚至要超过一个星期。在日本有不少适合纵走的路线，希望登山者在足够熟悉登山之后，一定要挑战一下，感受其中的乐趣。

四、在山里过夜

在习惯了当天往返的登山之后，就要挑战一下自己，尝试在山里过夜。首先试着在山间小屋里面过夜，习惯之后可以扎上帐篷露宿。有的山间小屋用餐时间固定，有的会许多人睡在同一间屋子中，这和山下的住宿相比有不一样的规则和礼仪，因此不能太过随意，注意要和其他登山者相互礼让。

五、攀岩

攀岩种类繁多，适合高级登山者。最近室内攀岩也非常流行。

六、溯流登山

顺着大自然的水道而上，向山林的深处进发，这是日本登山者发展出来的一种登山方式。出于安全的考虑，大多数登山道都有人为管理，所以能让登山者在原始的大自然中畅快地溯流登山。但是，溯流登山需要丰富的技术和知识。

七、品味不同季节的山

登山的目的当然是投入大自然的怀抱。特别是在春夏之交，山里五彩缤纷的鲜花争妍斗艳；秋季，森林会染上一片红色或黄色。品味不同季节里的山的妙处，也是登山的乐趣，要多多欣赏自然的、绝妙的美。

第三节　制订登山计划

根据自己的水平确定将要攀登的山峰之后，接下来就需要制订详细的登山计划。首先要通过书籍、互联网等收集资料，然后具体确定登山路径和日程。事先经过充分调研，登山才能顺利进行，对于突发情况才能轻松应对。

此外，事先让家人或者入山管理处了解登山计划书的内容，在遭遇需要救助的情形时，这就会成为非常重要的线索。实际上，在遇难的登山者中很少有人提交登山计划书。不能有侥幸心理，一定要遵守这个规则。

一、交通工具

登山前必须先抵达登山口。首先要决定是通过火车或者巴士这类公共交通工具去，还是自己开车前往。使用公共交通工具时，由于运行时间固定，所以有必要根据运行时间确定行程。有的地方火车或巴士的班次很少，所以一定要仔细调研。此外，自驾时因季节或突发情况会有交通管制，所以也有必要事先确认。

二、决定登山路线

即使是同一座山，也会因路径不同而导致高低落差、攀登时所需时间、攀登难度等相差很多。应当选择难度适宜的登山路径。此外，在确定登山路线之后，登山前还需要清楚地把握参照地点及岔路口的位置。为防万一，还需要在预定的登山路线之外，熟知紧急避难的途径以及山间小屋。

三、收集资料

首先需要收集登山杂志、导游手册以及地图，从一般的出版物，到着重介绍某座山或者某个地域的出版物。此外，要通过当地的网站确认当前的状况、天气和交通形势等最新信息。

四、熟知难点

接下来必须要熟知的是登山途中的难点。初学者最好不要选择有难点路段的登山路线。如果有难点，则要提前调查，搞清楚应对这个难点的对策，好好准备。熟知难点，可让登山者在登山途中做好心理准备，并为经过难点路段保存体力。

五、制订时间表

确定了登山线路和难点路段，就需要考虑登山的时间表。首先按自己的经验和体力，粗略计算一下爬山所需的时间。需要注意的是，休息和进餐的时间等也要算到全部行程之内。然后需要考虑如何抵达登山口，制订从家出发开始的完整的时间表。

六、制订计划书

把各方面收集起来的信息做成一个计划书。应事先将路线、行程和交通工具等信息汇总在纸上随身携带，同时，应留一份计划书在家中。如果登山管理处有投递入山申请的，也请在此投递计划书。遇难或者发生事故急需搜救时，计划书会提供非常有用的线索。因此，在计划书中注明详细的个人信息、紧急联络电话和所带物品等十分重要。

七、必要的物品要列成表

确定了要登的山和路线之后，要把食物和装备等必需品列成表。登山时，遗失物品可能会酿成大错。另外，若在出发前才开始准备，有些临时需要的东西往往无法马上补全，因此需要保证有充足的时间进行准备。

第四节　了解山里的天气

人们总说，山里的天气说变就变。早上登山的时候天气明明很好，中间忽然阴云密布，下起雨来，使人十分狼狈。山里的天气的确如此瞬息万变。

山里地形复杂，更容易受到风和气压变化的影响，所以山中气流的变化也更剧烈。另外，由于森林的存在，空气中水蒸气含量更高，因此很容易起云。

在地面上，对于小雨或者雷电不需要多虑。可是在山上，雨中行路比想象中更消耗体力，有时会因此造成事故。若淋了雨还被风吹，即使在夏天也会造成低温症，所以一定要注意天气的变化。

目前，虽说天气预报已经能提供较为详尽的信息，但是预报不可能完全准确。如果具备一些气象常识，就能预测降雨和雷电。要掌握这些知识，随时注意天空的状态，不要错过任何细微的天气变化。

气象观测是指通过观察自然现象以及动植物的状态来预测天气。"蜜蜂低飞，雷雨将至"，这也是气象观测的一种方法。在山里，可通过云彩的变化来预测其后的天气。山中的雨和雷对登山者非常危险。打雷通常发生在下午，因此早出早归至关重要。

云彩的变化和天气有密切的关系，应从日常生活中开始练习，记住一些有代表性的云彩形状。

一、积雨云

积雨云也叫作雷暴云，是由强烈的上升气流而产生的巨大云团。云的轮廓清晰可见，下部灰暗为其特征。天空中出现这种云的时候，也易产生雷电。

二、飞机云

并非自然形成的云，当飞机云很短且很快消失时，上空的天气安定晴朗。飞机云长而且持续扩散，就是天气变坏的征兆。

三、卷积云

卷积云是白色无影的小型云块，是像鱼鳞一样聚集在一起的云群。天气晴朗和阴雨时都会出现。卷积云是天气即将发生变化的征兆。

四、斗笠云

斗笠云也叫作透镜云，是在富士山等山顶上常常出现的、非常有特点的云状。经常出现在低气压迫近并且上空有强风的时候。这种云经常伴随着天气恶化。

第五节　熟知登山的规则和礼节

登山是有规则和礼节的。为了所有的登山者都能安心愉快地登山，我们一定要用心遵守这些登山的规则和礼节。

一、山是大自然的馈赠

年年增加的登山客中，有不少人认为，被那些细碎的登山规则束手束脚会让人遗憾。其实，这些规则全都是常识。我们应该记住山是大自然的馈赠，并不是任何人的私有财产。在离开的时候，从外面带到山里的东西都要带走，山里的东西要原封不动留在山里。无论做什么都要自己承担责任，避免做出随意的举动。

（一）厕所

生理现象是无法避免的，应将排泄物埋在土里，厕纸要包好带回去处理。山间小屋的厕所的使用方法要参考小屋的说明。

（二）垃圾

将登山时产生的垃圾带走是常识，但是很遗憾，在登山道上仍然能看到各种各样的垃圾。除了一些人为的塑料垃圾要带回去，能降解的生活垃圾也要带回去。

（三）试着一边捡起垃圾一边登山

在一些不太困难的登山中，如果有余力，尝试带上垃圾袋，一边走一边捡起落在路边的垃圾。如果大家都这样做，大山一定会变得更加洁净美好。

（四）不要采摘植物

春季和夏季登山，能观赏到很多美丽的山花和植物。在拍照的时候，有可能会情不自禁摘下来一些，这种行为要避免。如果大家都要把花摘下来，那山会变成什么样？自然花开，美之所在。

（五）不要给小动物喂食

登山的时候会遇到一些小动物，甚至会遇到鹿这样的大型动物。不要因为动物太可爱就给它喂食，这会打乱动物的生活，尽量不要给它们带来太多人为的影响。这个原则很重要。

二、上山和下山都保持轻松畅快

人和人之间愉快地相处需要规则和礼节。为了愉快地登山，这个原则也要牢牢掌握和遵守。

（一）问候

所有登山的人在擦肩而过时要尽量彼此问候，这不仅让人感到温暖，万一发生不测时，还可能成为救助的线索。但是，频繁问候会让人产生倦意，应注意将问候控制在可行范围内。

（二）优先原则

在登山的过程中，遇到只能一人通过的路段时，通常是下山方主动让上山方先行。然而，在人多混杂的时候，一定要随机应变，彼此谦让。

（三）吸烟

吸烟的人一定要确认自己是否给周围的人带来了麻烦。因为烟灰里含有有毒物质，所以不要让烟灰落到地上，要放到随身携带的烟灰缸里。另外，吸烟也会造成山火，因此在天气干燥以及枯叶、枯树枝很多的地方，绝对不能吸烟。

（四）山间和市区基本上是一样的

不要大声讲话，不要乱扔垃圾。为了大家愉快地共同生活，这些都是必须遵守的准则。

（五）不要偏离登山道

近年来，随着登山者的增加，登山道由于踩踏造成坚硬固化，植物无法生长。

下雨的时候，登山道会变得泥泞难行，很多人会偏离登山道。为了不对山体造成破坏，要尽量在登山道上步行。

（六）自我负责的意识

登山会伴随着危险。一个人受伤或遭遇事故，会给一同登山的伙伴和周围的人带来麻烦，一旦需要救助就会产生很大的费用。因此，要秉承"自我负责"的原则采取行动，要尽量避免危险的行为。

课后习题：

1. 请明确说明自己适合攀登的山峰及原因。

2. 登山的方式都有哪些？

3. 请制订一份外出登山计划。

4. 登山的规则和礼节都有哪些？

第三章　户外登山运动的全身穿戴安全与登山装备

学习目标

1.户外登山运动的全身穿戴
2.户外登山运动的登山装备及其使用

—　—　—　—　—　—　—　—　—　—　—　—

第一节　登山运动的全身穿戴安全

衣物的作用是在皮肤外产生一层稀薄且与外部隔绝的空气，让人感到舒适，风、雨、热气、寒气等都会被这层保护阻挡在外面。对登山来说，舒适感是相对的，山区恶劣的天气会迫使登山者忍受远低于一般人的舒适标准。在登山时，维持相对舒适的关键在于保持身体干燥，即使淋湿后，也要保持温暖并迅速恢复干燥。

衣物必须保护登山者在热天不致过热而中暑，避免登山者流汗过多而湿透衣物或导致脱水，所以防晒和透气性也是考虑的重点。

走进登山用品店，人们会发现各种款式的高科技纤维制品，功能与品牌多得令人眼花缭乱。第一次选购登山衣物时常会被这么多品牌和款式所惑，这时可以仔细地阅读标签或是询问服务人员，以便做出适当的选择。除了价位外，也要考虑耐用性、多功能性和产品信赖度。此外，其他户外运动的衣服可能也适用于登山。

切记：没有任何一种款式或质料适用于每个人或所有状况，衣物的选择因个人的体型或新陈代谢的速率而异；同一位登山者也不会每次登山都穿同样的衣服，应随着季节或登山的性质选择合适的衣物。个人的喜好也会影响选择，最好的方式是从过去的尝试中汲取经验，保留最舒适的衣物。

一、穿衣原则

新手第一次从事野外活动时，最好多穿几层衣服，保持身体干燥温暖，等积累足够经验后，再判断可以删除哪些物品。判断的标准是不管在哪种状况下，少了这些物品都能活命。试着减轻衣物的重量，但千万不可为了减轻重量而危及自身安全。出发前记得看当地的气象预报，考虑会遇到怎样的天气和气温，再做适当选择。多层穿衣法要求用系统的层次方法穿衣服，可以发挥衣服最大的效能，并具有最多的用途。可以适应山区剧烈的天气变化，还可以随时进行调整，以最小的重量和体积让身体在任何时候都保持舒适。大多数有经验的登山者最后都会发展出一套穿衣服的方法，视各种不同情况或个人偏好做适当的搭配。或许内层会改变，或许会多带或少带几件保暖层，或许带不同的外层，试验新的产品，但基本的多层穿衣法原理是不会改变的，也经得起时间和潮流的考验。多层穿衣法可分为三层：贴身内层、保暖层和外层。

（1）贴身内层（内衣）：应选排汗性佳的内衣，可保持皮肤干燥。这对保暖来说是很重要的，因为湿的衣物贴在皮肤上会比干的衣物更容易让体热散失。

（2）保暖层：应包住周身的温暖空气。包住的空气越厚，身体便越温暖。穿数件宽松的薄衣服虽然不如一件绒毛大衣那么保暖，但可以一层层包住空气，而且有调整性。

（3）外层：应能防风、防雨以及防晒。

二、登山衣物的质料种类和优缺点

登山衣物的质料种类繁多，各质料的优缺点简列如下（表3-1）。

表3-1　各质料的优缺点

材　质	优　点	缺　点	用　途
聚酯纤维/聚丙烯	吸水性小，湿了仍具保暖性，质轻	某些种类有异味，防风性不佳，可能较占体积、遇热即熔	具有多种形式，可作为贴身内层（内衣、T恤）、保暖层、帽子、手套、袜子等
毛料	湿了仍具保暖性，防风耐磨性佳，摩擦力大，不会遇热即熔化	湿了不易干，厚重，穿起来有瘙痒感	贴身内层、保暖层（毛衣、衬衫、长裤）、帽子、手套、袜子

（续 表）

材 质	优 点	缺 点	用 途
尼龙	耐用、质轻、防风及耐磨性佳	若无防水处理，吸水性大，不易干，质地滑顺，摩擦力小，遇热即熔	外层衣物（连帽雨衣、风衣、雨裤、并指手套）、帽子、不透气袜
弹性／尼龙混织物	用途广，伸展性佳，耐用，具有不错的防风性和保暖性，易干，穿起来舒服	有些种类不易干，可能会被钩破，较昂贵	贴身内层、轻薄的外层衣物
棉质	透气性佳，适合热天穿着，干燥时极舒适	吸水性强，不易干，湿了便丧失保暖效果	防晒衣物、手帕、帽子、T恤，不适用于凉爽、潮湿天气

三、登山的全套服装

了解登山衣物质料的特性和内外层衣物的穿法后，就可以组合出一套完整的登山服装系统。登山者所选用的细项可能会因人而异，只要目的相同，就能组合出一套完整且多功能的服装。下面通过三层服装说明穿着原则。

（一）贴身内层

（1）长内衣：选择适当的长内衣能提供御寒的效果。聚丙烯和聚酯纤维是人们选用最多的，也有些人喜爱毛织品。深色长内衣较易吸热，能使身体温暖，在阳光下干得较快。浅色的长内衣不吸热，适合热天穿着，长袖内衣能预防晒伤和蚊虫叮咬。

在攀岩时，登山者偶尔会以弹性织物和聚酯纤维混纺的紧身衣取代长内衣，因为它具有较强的伸展性，便于活动，但保暖性不如聚酯纤维内衣。

（2）T恤和短裤：在大热天里，因为不需要靠衣服排汗，所以棉质T恤或无袖上衣足以应付，长袖衣服具有防晒的功用。棉质T恤不适合凉爽的山区。在微风轻拂的凉爽日子里攀登陡峭的山壁，汗水会湿透棉质T恤，停下来休息时，湿衣服会令人冷得发颤。在大部分的情况下，不吸汗的合成纤维比棉质衣物适宜。T恤宜选择浅色且宽松的，这样会凉爽通风。

短裤必须能兼顾透气与耐磨。一件宽松的尼龙短裤，加上一件尼龙网眼内裤就可达到不错的效果。登山者很少穿棉质内裤，因为汗湿的内裤会摩擦皮肤，产生不适感。在温和的天气下，最受欢迎的组合是轻质聚酯纤维长内衣加上一件尼龙短裤。可以拆解成短裤的轻质尼龙长裤也是非常受欢迎的多用途选择。

（二）保暖层

天气冷时，需要穿上数层保暖衣物。上半身的选择包括厚实的长内衣、毛料衬衫、毛衣、羽绒夹克或人造纤维填充的夹克。腿部可选择厚卫生裤、毛料长裤或较有弹性的尼龙裤。在非常寒冷的情形下，有时会使用连身的保暖衣物。市面上有很多种选择，主要目的是即使身体湿了仍能保持温暖。请把棉质汗衫和牛仔裤留在家里。

（1）衬衫和毛衣：衬衫和毛衣要够长，才能扎进裤腰或拉出来盖到腰部。长裤和上半身衣物间的空隙会使宝贵的温暖空气散失。高领内衣和毛衣的保暖效果相当不错，而且也不太重。

（2）保暖长裤：要选择比较宽松或具有伸缩性的长裤，以利于自由伸展；质料应紧密，并经过防风或耐磨的处理。毛料或毛料与聚酯纤维混纺的材质效果很好，羊毛裤虽轻但并不挡风耐磨。请选购臀部和膝部有加强设计、腿侧有拉链的款式，如此在穿着冰爪或滑雪板时也能顺利穿脱长裤。

（3）七分裤：有些登山者比较喜欢及膝的七分登山裤加上绑腿，便于活动和通风，裤腿不致遭雪或露水沾湿。

（三）外层

理想的外层应具有非隔离性、防风、完全防水及完全透气等特点。事实上，没有一件衣物能够完全符合上述要求，但是，可以用各种方法尽可能地达到上述目的。

一个方法是穿上一层多功能、防水透气的外层。这层衣物最好能够提供足够的透气性。

另一个方法是带两层外层衣物：一层质轻透气的风衣和一层质轻的雨衣（透气或不透气皆可）。轻风微雨时穿风衣，雨势较大时再添加雨衣，防水透气的雨衣比不透气的雨衣舒适。这种方式比较省钱，而且不下雨时穿风衣比较通风。但是，携带两件衣物增加了背包的重量。

（1）连帽雨衣：有各种不同的款式，标准连帽型雨衣前面是全开式拉链，可调节通风度。有些人偏爱套头式雨衣（前面没有拉链，穿着时由头上套入），它更轻、体积更小，防风性也较佳。

（2）雨裤：在侧边最好有拉链设计，可以在穿着鞋子、冰爪时轻松穿脱雨裤。因为雨裤穿着的频率较雨衣低，而且在穿越灌木丛或从雪坡滑降时容易磨损，所以可以选择比较便宜的非透气性雨裤。

有些登山者采用防水透气的吊带裤作为下半身的外层，尤其是在较冷的山区。有些吊带裤内有保暖的填充材料，非常适合严寒山区的远征队伍。这种裤子比一般雨裤保暖，因为它包覆了大部分的身体，可以避免雪由腰际掉入裤管，但夏季穿着则太热。有些人会选择连身的雨衣裤——它的保暖能力最佳，但缺乏多功能。

（四）头套

古谚云"脚冷时就戴上帽子"。不戴帽子的头就像一个散热器，超过二分之一的体热是由头部散失的。因为躯干一觉得冷，流向四肢的血液量就会减少，以保持重要部位——包括头部——的体温，所以天冷时戴上帽子可以促进四肢血液的循环。

登山者一般会携带几种不同的帽子，把它们放在方便易取的小袋子里，这样可随时适应多变的气温。在帽檐处缝上系带，可防止帽子被风吹落悬崖。

隔离性的保暖帽子的材质有毛料、聚丙烯或聚酯羊毛等。

套头露脸帽是多用途的、有隔离作用的帽子，它可以同时保护头部和颈部，也可以卷起来让颈部通风。可考虑携带两顶具有隔离性的帽子，多戴一顶帽子和多穿一件毛衣一样保暖，而且重量轻。有时在岩盔下面可加一顶薄帽子，特别是天气寒冷时。

雨帽也很好用，它的透气性优于连帽雨衣，戴起来也比较舒适。若要有更佳的透气性，可以考虑防水透气材质的雨帽。

防日晒的帽子有宽广的帽檐或垂折，可以保护耳朵和颈部，十分受冰攀者欢迎。棒球帽缝上头巾也能达到相同的效果，帽檐可以遮光，并避免雨或雪打到眼镜上。

（五）分指手套和并指手套

即使没有下雨，抓握湿湿的绳子和在潮湿的岩壁上攀，也会使分指手套和并指手套湿透。手指是身体最难保暖的部位之一，因为在酷寒时身体会减少四肢末端的血液流量，血液流量一减少，手指的灵活度就会减弱，使拉拉链或打绳结的动作变得迟缓。这样一来会减慢攀登的速度，特别是在赶进度到达遮蔽风雪的地方的紧要关头，往往会因耽搁而发生危险。

需要有相当的经验才能对手套做出明智的选择。通常要在灵活度和保暖性之间做权衡，一般来讲，越厚的手套越保暖，但灵活度也越差。在越需要技巧的攀登上，灵活度也就越重要。

多层穿衣法也可以应用在手套上，第一层先戴薄的分指手套，再戴上并指手套。并指手套比较保暖，因为手指头可以靠在一起取暖。只要不会影响血液循环，薄的分指手套加并指手套，再套上防雪手套可达到最佳的保暖效果。

　　和其他保暖衣物一样，分指或并指手套的材质应该在湿了之后还能保暖。合适的质料有合纤、毛料和合纤混纺或纯毛料材质。防雪手套是手部的外保护层，手心部分有防滑处理，可以让人们在使用雪地装备时抓得更牢。防雪手套的袖口需和雨衣的袖子重叠10～15厘米，松紧带或魔术贴可以将套口固定在上臂。

　　和帽子一样，手套也要缝上安全带，这样在脱下并指手套攀岩或抹防晒油时才不易掉落。

　　在营地活动时，并指手套内有薄的分指手套或无指手套，双手便可做细活又不致暴露于寒冷之中。在天气非常冷（−18℃左右）时，要避免让手指冻僵，这时分指手套比无指手套要好。但在寒冷的天气攀岩时，无指手套比较好，没有一层布挡在手指和岩石之间碍事。

　　抓着绳索下降或帮人确保时，戴皮手套可以让人们抓得更牢，万一坠落也不致被绳索磨伤手。但皮手套在湿了以后无法保暖，而且不容易干。

四、登山鞋

（一）皮靴

　　传统的皮靴用途很广，至今仍深受登山者喜爱。登山鞋必须要能兼顾以下的特质并达到良好的平衡：够坚固，不怕岩石刮伤；够硬，才能踢入硬雪和穿上冰爪；穿起来舒适，以便应付长时间的健行。在一天的行程里，登山鞋可能要陷入泥巴，涉过溪水，穿越碎石、灌丛、硬雪、陡峭岩壁和冰等，这些状况皮靴都可以应付自如。典型的皮制登山鞋（图3-1）有下列特征：

图 3-1　皮制登山鞋

（1）高筒（14～29厘米），行走在崎岖地表时能支撑及保护脚踝。

（2）采用黄金鞋底设计，可增强抓地力，不致在滑溜的草地、泥沼地及雪地上滑倒。

（3）U形硬皮将鞋底和鞋面接缝处密封，可加强防水功能并简化保养工作。

（4）鞋子的内撑垫必须相当坚固（鞋底有嵌入金属或强化塑胶等加强物）。

（5）车缝线尽量减少，以减少水的渗入。

（6）鞋舌部分有加强处理或折叠，阻止水进入鞋内。

（7）较易磨损的部位，如鞋尖和鞋跟，需有2～3层皮革强化，使之耐磨。

（8）脚趾接触的部分需有强化设计，可减少由冰爪带束缚所造成的不适，并适合在硬雪中行走。

（9）脚跟接触部分有强化设计，增加脚部的稳定性，利于在硬雪中下坡时行走。

（10）鞋口要够大，以便在鞋子结冻、受潮时仍能穿脱自如。

（二）半皮靴

制鞋的科技日新月异，鞋子的某些部位已改用合成皮代替。某些半皮靴（图3-2）适合攀登用，与全皮的登山鞋相比，它有以下优点：

图3-2　登山半皮靴

（1）重量减轻。

（2）更加舒适，缩短新鞋子的磨合期。

（3）易干。

（4）价格较便宜。

然而，半皮靴也有缺点：

（1）在崎岖难行或没有现成路线的地方稳定性较差。

（2）防水性较差。

（3）耐用性差。

（4）不够坚硬，难以在硬雪中做踢踏步或穿上冰爪。

大部分的半皮靴较适合健行用，如果想把它用来攀登，有几点必须注意检查：靴筒必须够高、够坚硬，以保护脚踝；包覆鞋跟和脚尖的地方需要鼓起加厚；强化易磨损的部位。易弯曲的鞋底不适合穿上冰爪。

（三）双重靴

双重靴（图 3-3）可分为塑胶外层和保暖内层两个部分，原本是针对海外远征和冰攀而设计，但在上市后，也受到许多雪地与冰河路线登山者的欢迎。

图 3-3 双重靴

双重靴的塑胶外层非常坚硬，很适合穿上冰爪或雪鞋，因为冰爪上的系带可以牢牢绑紧靴子，却不致压迫脚部的血液循环。坚硬的鞋底也利于在雪坡上踢踩出步阶。

外层的塑胶壳能完全防水，因此很适合潮湿的气候。内部的保暖靴接触不到融雪，能保持脚部的温暖。在营地时，内靴可以脱下，有助于靴内干燥。这些适合在冰雪地行进的优点（坚硬、防水、干燥），却不适合一般山径健行使用。

（四）如何购买登山鞋

1. 根据鞋子的用途、鞋子的舒适性和功能来选择

选择一双好的登山鞋，首先要看最常在哪些场合使用，没有一双鞋子可以满足各种不同的需求。户外用品店陈列各式的鞋具，健行鞋、轻便户外鞋、轻型／重

型健行靴、登山鞋等一应俱全。这些鞋子最大的差异在于鞋底的坚硬度、鞋筒的软硬度及支撑力。

走山径、积雪不深或多岩石的路线时，软硬度适中的登山鞋能提供足够的支撑力，并兼具弹性和舒适度。只要鞋底和鞋筒够坚固，皮靴和半皮靴都适用。

如果使用于具有技巧性的高山攀岩上，坚硬的鞋子可提供良好的踢踏能力，而具有弹性的鞋子不是合适的选择。坚硬的鞋底走起路来较困难，但站在碎石坡上，它可以大幅减轻双脚的疲劳。鞋底要够硬才能支撑站在狭窄的岩阶上，不管是用脚尖还是用脚的两侧。

在硬雪上行走，不论是踢踏步走法还是系上冰爪，太柔软的鞋底显然不合适。要穿够硬的鞋子才能走得更有信心。

冰攀需要高性能的登山鞋，鞋底一定要非常坚硬，双重靴和非常坚硬的皮靴最为合适。

2. 选择合脚的鞋子

不论是什么材质，登山鞋一定要合脚。多试几种品牌和不同的款式，有些品牌提供各种宽度的靴子，有些品牌则分成男用和女用款式，货比三家不吃亏。

在买登山鞋时，要把登山常穿的袜子或配件（如鞋垫）也带去。大多数人的脚在白天比较肿大，所以可以考虑在傍晚时买鞋，这时脚的尺寸最大。

在试穿时，把鞋带系好，试着两脚并拢站在一侧悬空的边上，测试其稳定性。可能的话，背上沉重的背包走或站几分钟，让脚习惯靴子内部的线条。靴子内有任何缝线或折痕都会使足部不舒适或夹脚。一双合脚的靴子会紧紧地固定脚跟，但脚趾却有足够的活动空间，在身体向前倾时，脚趾不会挤在一起。站在一个向下倾斜的斜坡上最能测知脚趾是否有足够的空间。在踢坚硬的物体时，脚趾也不该碰触到靴子的前端。

如果登山鞋太紧，会阻碍血液循环，使双足发冷，增加冻伤的机会。太紧或太松的靴子都会把脚磨出水泡。与其选稍紧的靴子，不如选稍松一点的，可以穿厚袜子或放鞋垫补救。

双重靴一开始就要选合脚的，因为靴子很硬，不会像皮靴或半皮靴一样，穿久了会合脚。在高海拔或极冷地区使用双重靴，选太紧的会阻碍脚部的血液循环。

（五）登山鞋的保养

一双好的登山鞋善加保养可以穿好几年。在不用时保持清洁干燥，可以防止发霉。避免将靴子存放于高温处，热度会损伤靴子的皮革、缝线和靴底的黏胶。

登山时，水会经由靴筒或线缝渗透到靴子内部，靴面做防水加工的处理可减少水分渗入。登山鞋要定期做防水处理。

防水加工前，靴子必须清洁干燥，用温和的肥皂清洗才不会损害皮革，如洗鞍具的专用皂。用硬毛的刷子去除沙粒。

靴子上的污点很难完全去除。旧靴做防水加工，没有新靴做防水加工持久。双重靴使用后需将内靴拿出来晾干，把杂质和塑胶屑清干净，以预防磨伤和穿坏。

防水加工的产品有很多种，需依靴皮鞣制的过程而定，可参考制造厂商所附的说明书。半皮靴的非皮质部分无法完全防水，但喷上一层以硅树脂为主的物质可以增强防水能力。无论用哪种方式做防水加工处理，都要定期做，才能保持登山鞋干爽。

登山鞋要特别注意保持清洁。在每次户外活动后，需要认真清理登山鞋，晾干后要好好地收放。

在使用完登山鞋后，首先要拆掉鞋带，拿出鞋垫，尽可能敞开鞋口以便鞋子能在自然状态下自行干燥。使用后的鞋垫通常会吸收很多的脚汗与湿气，取出鞋垫单独放置可加快鞋垫的干燥速度。每次使用后，都要保证登山鞋有24小时的自然干燥时间。

清洗登山鞋的基本方法是使用尼龙鞋刷或者废弃的牙刷清理鞋面的灰尘，去除隐蔽处以及缝隙处的脏东西。对于一些较难处理的污渍，可以先用清洗剂冲洗，用软刷慢慢刷掉，再用登山鞋护理液喷洗。尼龙材质的登山鞋可以使用此法清洗。

对于皮革鞋面的登山鞋需要使用海绵或者软布擦拭干净，若鞋面沾有油渍、汗渍等不易去除的污物，需要使用专门的皮革清洗剂使鞋子彻底浸渍后再进行清洗。鞋子内部的里衬材料也要用湿布擦拭一下。切忌将皮革鞋面的登山鞋泡入水中。

晾晒时需要注意避免皮革鞋面出现断裂、起皱与损伤，不要放在太阳底下暴晒，也不要放在炉子边烘烤，最好放在阴凉通风的地方风干。风干时可以在鞋子里放进报纸等易吸收水分的物品，加快干燥过程。

清洗鞋带与鞋垫，利用手洗即可。鞋带用鞋刷轻刷即可，可利用清洗剂或肥皂水帮助去渍，这些都比较简单。但注意鞋子、鞋带、鞋垫要单独晾干。

不要使用任何含油脂的鞋护理产品，否则会破坏皮质的透气性。

清洗过后要喷涂防水剂以保护皮革面料的防水性，使用霜状、液体、泡沫状、喷雾状的保护蜡保护皮革面料的柔韧性。

五、袜子

登山袜（图 3-4）可隔离脚和靴子，以防脚被磨伤，并提供衬垫保护的作用。毛袜或合纤制的袜子可以保护足部，棉袜则会因吸水而湿透、松垮，粘在脚上把皮肤泡烂，引起水泡，缺少保护功能。

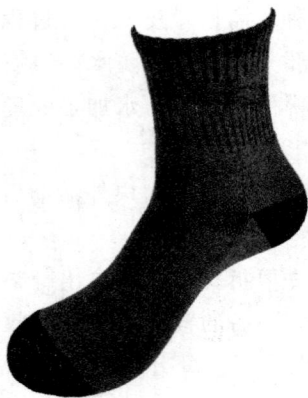

图 3-4　登山袜

袜子要能吸汗，因为登山鞋大都不太透气，脚上的汗水会逐渐汇集。合纤制的袜子（包含聚酯纤维、尼龙、压克力）比毛料容易干。

大多数登山者会穿两双袜子。内层穿薄的内袜，可以将汗水排到外层的袜子，使足部保持干爽。外层的袜子通常较厚也较粗糙，可以吸收内层袜子的湿气，也有衬垫的作用，可以防止脚部磨伤。

当然，也有很多例外的情况。攀岩者希望攀岩鞋能像皮肤一样贴身，所以不穿袜子或只穿一层薄袜；健行者在热天穿健行鞋活动时，也只穿一层袜子保持足部凉爽；在雪季登山时，则是在较大的靴子内穿上三层袜子。穿多双袜子时需注意脚部是否有充分的活动空间，如果阻碍了血液循环，穿再多双袜子也无法保暖。

穿上袜子前，先在易起水泡的地方（如脚后跟）裹上保护性的斜纹布或缠上运动胶带。在穿新靴子或隔很长时间才去登山时，足部皮肤较嫩，这招是很有用的。另一个预防水泡的方法是在靴内和袜内洒上使足部干爽的粉剂。

在远征或极冷的天气下，可在两双袜子间加一层阻挡水气的袜子，这种袜子防水但不透气。这似乎违背先前所讲的穿着理论，但是，以保丽龙杯装热咖啡为例，杯盖固然把水汽挡在杯内，但它也有保温的作用，让咖啡不会太快冷掉。阻挡水汽的袜子也是一样：脚湿了，但依然保暖。

六、绑腿

登山时，雪、水以及砾石碎屑会沿鞋口进入靴内，绑腿可以封住裤管和鞋子间的缝隙。登山者不分冬夏都使用绑腿，因为全年都有雨露泥雪会沾湿裤管、袜子和靴子。

短筒绑腿（图 3-5）自靴口向上延伸 12 ～ 15 厘米，夏季时足以预防碎石砾跑进靴内。但冬季的雪较深，需要及膝的标准绑腿。超级绑腿自靴底和靴身接缝处起包覆整只靴子，只留下靴底暴露在外，绑腿内的保暖层包住整个靴子，可增加保暖性。

图 3-5　绑腿

绑腿覆盖靴身的部分应采用最耐用的质料，表面有防水处理。功能较佳的绑腿在耐用材料内侧会再加一层防水薄膜。绑腿包住小腿的部分必须为透气的质料，才能排汗。

绑腿通常用扣子、魔术贴或拉链闭合，其中用魔术贴在寒冷的天气中最容易穿脱。如果选购拉链式的绑腿，链齿必须要耐用，拉链旁最好能再多一层襟片，以扣子或魔术贴固定，可以保护拉链不受损坏，而即使拉链坏了，也能保持绑腿的密合。绑腿顶端的拉绳可以防止绑腿下滑。绑腿需紧紧包住小腿，可以减少冰爪勾到绑腿的机会。

绑腿要能与靴子贴合，防止雪落入绑腿，尤其是在下坡踏步时。绑腿下端有绳子、带子或皮带可绕过靴底，使绑腿和靴子的结合更为紧密，但这条带子很容易磨损，往往绑腿还没坏，带子就先坏了，所以买绑腿时要选择带子容易更换的款式。合成橡胶制的带子适合在雪中行走，但不适合在岩石上行进；较粗的绳子不怕岩石摩擦，但在雪中行走时容易和雪纠缠不清。

七、背包

登山者通常有两个背包：一个是单日用小背包，里面可装一天来回所需的登山物品；一个是容量较大的背包，可以容纳野外露营过夜的装备。背包应能使背负的重量尽量靠近身体，且重心集中在臀部和大腿上面。

（一）小背包

小背包（图 3-6）的容量通常为 30 ～ 40 升，足以携带 9 ～ 14 千克重的物品。市面上的小背包种类繁多，耐用的程度不等。弓顶背包通常容量只有 15 千克左右，内部坚固，有硬架支撑。臀带在扣环处有 6.6 厘米宽，臀部处有 13.2 厘米宽。设有冰斧环、提环和冰爪带。有些没有内架支撑或臀带及衬垫，而且太脆弱，不适合登山用。

图 3-6 小背包

（二）大背包

大背包（图 3-7）内通常有坚固的框架使背包不变形并紧贴背部，在登山或滑雪的过程中容易保持平衡。容量可通过压缩带调节，变成小型的技术型背包。大背包一般设计成狭长的线条，以利于穿越丛林或上下岩壁。

图 3-7　大背包

（三）打包的要领

重的物品尽量放在最靠近背部的地方，并集中在背的中间，可以降低身体重心，使身体较易保持平衡。

打包时不但要注意重量的分配，而且要有条理地放置物品以便于取用。最常使用的物品应随身携带，其他物品如手套、帽子、墨镜、地图、驱虫剂等，可放置于顶袋或侧袋，放在夹克的口袋或随身腰包也很方便。改变或调整物品的放置有助于减轻长久背负时所产生的疲劳或疼痛。

打包时也要注意物品的防水，即使背包的材质防水，也不能保证百分之百不进水。接缝、拉链、口袋、背包口或防水涂料已耗损的地方都会渗水。用塑胶袋或密封袋将装备包好，可以有效地防止装备进水，特别是在雨中扎营或拔营时。市面上可以买到防水的背包套，也可以在背包内加套一个大型垃圾袋保持物品干燥。

第二节　登山杖的重要性

一、登山杖的必要性

登山杖的必要性主要可以概括为以下几点：

（1）平衡呼吸，让户外运动更健康。

（2）可提高约 30% 的力量，提高 15% 的速度。

（3）防止腰部和脊柱等部位受伤，给户外运动带来更多的保护。

（4）可以减轻22%的施于腿部和膝盖等肌肉关节的压力，减少关节的不适，让腿部感觉更舒服。

（5）提供稳定的4个接地点，让行进更为稳定。

登山杖是登山运动必备之物，除辅助行进之外，还可配合防雨布搭建简易帐篷。

二、登山杖的握把与选择

市面上，登山杖的握把形状主要分为两大类：T形握把和直握把。

（一）T形握把

T形握把登山杖（图3-8）比较适合强度不大的休闲运动，特点是登山时手臂作用力可以直接作用在手柄上，发力、借力较好，比较适合徒步旅行或低海拔山峰的攀登。

图3-8　T形握把登山杖

（二）直握把

直握把使用的材质大致有橡胶、软木、塑胶和泡棉等，前两者的握感较为舒适，价格也比较贵。使用直握把登山杖（图3-9）时，手部施力的重点多在腕带上，而不是把手上，所以把手材质的舒适度不是很重要，不必重点考虑。

目前，直握把登山杖的使用已成为主导，无论徒步旅行还是难度较大的长距离登山、高海拔登山，直握把登山杖都能较好地胜任。攀登较为陡峭的山峰一般都选用直握把双杖。正确运用登山杖能减轻约7千克的体重压力。

图 3-9　直握把登山杖

三、杖杆的选择

杖杆的选择可从两个方面考量：功能和材质。

选购时可根据功能选取合适自己的登山杖。目前登山杖杖杆可分为两大类：可调整型与固定型。固定型由于功能实用性差，因此已经基本退出市场。调整型杖杆可分为三节调整式和卡榫调整式。其中，三节调整式调整弹性大，适合不同身高体型的使用者，伸长和收缩较为简便、易操作，大多数伸缩长度可达 73.5 厘米；卡榫调整式杖杆调整弹性小，适合坡度较平缓的登山。

除功能外，在购买之前一定要了解登山杖的材质特点，根据环境、用途以及经济能力进行选择。

四、登山杖腕带的选择

登山杖腕带非常重要，在使用登山杖时，身体活动通过腕带将力量传导至上半身，运用上半身的力量帮助身体前进或减轻冲击的力量，降低腿部承受的压力。因此，腕带是登山杖的一个非常重要的部分。

选择腕带时应考虑以下因素：腕带材质是否耐用、柔软；腕带的形式最好是中间宽两侧窄，能够防止勒手；带扣最好设置在与登山杖的连接处，这样不影响手的活动，尽量选择没有带扣的腕带；查看腕带内侧有没有防摩擦的材质，便于保护腕带接触的皮肤。

五、登山杖的避震系统

登山杖的避震系统是减轻登山杖冲击力的系统，原理是在登山杖的内部设置弹簧，通过伸展压缩缓冲压力。一般来说，带有避震系统的登山杖比较昂贵。登山杖带有避震系统也有缺点：上坡时，避震系统会减弱手部向后的推力，要用更大的力量才能达到平时的效果，因此上坡用避震登山杖是事倍功半；而下坡时，避震系统就可以很有效地缓冲腿部向下的压力。现在市场上的避震登山杖开发出了锁定避震功能，在不需要的时候就可以将避震功能关掉。

六、登山杖的衍生品——滑雪圈

滑雪圈又叫雪托、泥托，是登山杖的衍生产品，根据滑雪杖的结构功能设计而成，因此在应用上有很多地方是相同的。滑雪圈可以有效地防止登山杖陷入雪地、泥地中。但除雪地、泥地外，登山道路多荆棘灌木，佩带滑雪圈反而会妨碍行动的便利性，因此在选择购买时，要进行拆卸滑雪圈测试，如果能做到快速便利，才是最佳的选择。

七、登山杖杖尖的重要性

杖尖是提供抓地力、提高稳定性的重要部分。购买登山杖时应考察两个方面：一是外形，二是材质。

杖尖的外形分为尖头型与圆头型，两种杖尖各有优缺点。杖尖材质通常由橡胶、铁、碳钢、钨钢等材质制成，不同的材质特性不同，价格也有高低区分。碳钢、钨钢杖尖质地最硬，性能优良，价钱也最贵。

另外，登山杖大都提供杖尖橡胶防护套等小配件，在比较松软的土地上行走时，杖尖不会因插入太深而拔不出来。

八、登山杖的使用

（一）活动类型

参加不同类型的登山活动，登山杖的选择也不相同，不一定贵的就是好的，应根据登山的需要选取适用的登山杖。

运动量大、危险系数稍高的项目，在准备装备时务必严谨。这类运动携带的登山杖一般为三节调整式，组成部分主要有铝合金（或碳纤维）杖杆、碳钨钢尖头、根据人体手掌设计的把手护垫以及可快速拆装的雪地圈。可以根据膝盖的状况决定是否带有避震系统。

（二）登山杖的正确使用

正确使用登山杖能够在登山活动时提供更好的稳定性，而且可以将作用在腿部的冲击力分散一部分到手臂上。除了正常使用外，可在遇雨时作为支杆搭建防雨棚。

目前，登山者较多选用三节式登山杖，这类登山杖底端的两节可伸缩调整长度。进行调整时，将锁紧装置全部旋松，首先应确保靠近底端的支杆伸长到最大长度。登山杖的长度标准有两种：

（1）站立于平地，将手臂自然垂下，以手肘为支点，将前臂上举到与上臂呈90°，手持登山杖确保杖尖接触地面。

（2）将登山杖头置于腋下5～8厘米，调整杖尖直到接触地面为止。调整完成后需要将登山杖的支杆全部锁紧。将另一只尚未调整的登山杖与锁定长度的登山杖相比，调整到相同长度即可。

前文已经讲到腕带与杖头的正确握法，下面分析正确使用腕带的好处。登山杖的腕带不仅让登山杖不远离身体，而且在上坡时，手臂的推力可以通过腕带传导至登山杖，使其产生上坡的助力。登山者使用登山杖下坡时，登山杖所承受的冲击力较大，正确的腕带使用方法可以将此冲击力传导至手臂，以帮助登山者进行控制。

使用登山杖辅助进行登山的时候要注意地形地势，在较为平缓的地方与在较为陡峭的山地运用起来是不同的。平缓的上坡行进时要保持平稳的节奏，右手臂在左脚向前时同时顺势将登山杖往前带，但杖尖不要超过身体，而是握住登山杖顶住地面向后推，给予向前的作用力。左手跟右手交互做一样的动作。爬行陡峭的山坡时，需用手臂将登山杖的位置放在身体前向下用力，借助登山杖支撑身体往上走，减轻腿部的压力。登山时最好能够带两支登山杖，这样不但能够平均分配力量，而且能多分担一部分腿部的压力。

下坡时的冲击力比较大，对膝盖磨损较大，因此利用登山杖下山可减轻腿部的负荷。下山时要将登山杖的位置放在身体前，先于前脚着地，起到分担压力的效果。做此动作时身体会向前倾斜，与无工具下山的感觉是不同的，需要经常练习，以便掌握下山时登山杖在身前的合适距离，确保减缓腿部压力的效果，且快于原来行进的速度和节奏。下山使用登山杖可根据个人习惯加长登山杖的长度。

九、登山杖的品牌和质量

如果能够详细地了解登山杖品牌与质量，买到称心的装备，并且使用得法，那么登山杖一般不容易损坏。否则，登山杖的脆弱零件会出现磨损、失效或丢失的情况。

登山杖较常出现的问题有腕带断裂、杖尖磨平或脱落、固定杖杆的膨胀塞失效、杖托丢失等。细节零部件的问题若不是频繁发生，都属于正常现象，因为登山杖在多次使用后是会出现磨损的。

既然这些部件容易出现问题，就要仔细分析问题的原因，在以后的登山活动中细心维护登山杖，避免危险情况。

杖托：杖托没有真正安装好，就会丢失。优质品牌的登山杖的杖托会有一个锁死装置，一旦锁死就很难取下。

杖尖：磨损情况较为正常，无论什么材质的杖尖都不能保证不磨损。但如果有脱落的情况发生，则属于登山杖本身的连接工艺有问题，这种问题的发生概率很低。

膨胀塞：在特殊情况下，膨胀塞的磨损会使螺纹变形，并造成膨胀塞失效。

腕带：长期使用或在极端环境下，腕带会产生材质脆化，进而造成腕带断裂。

了解部件易损坏的原因后，就要注意使用方法并经常进行检查，排除故障，确保登山杖的正常使用。对于杖杆与杖尖，有两点需要注意：①拉伸每节杖杆时不要超过"STOP"标记，不然容易折断；②如果杖尖陷入石缝中，不要左右摇晃登山杖，应垂直拔出。

选购登山杖时最好选择有优秀售后服务的商家，如果小零件坏了，可以找售后更换，除非杖杆本身出了问题。

注意登山杖的维护和保养。每次使用后都要把每节杖杆抽出擦洗干净，防止受潮。使用前后一定要注意检查锁紧装置是否完好，并及时更换修补损坏的零件。

第三节 登山绳的正确使用

登山绳属于登山技术装备，进行高山攀登时，上升、下降和保护等各项登山技术都是以登山绳为中心展开的，它是整个保护体系的核心。

一、登山绳的结构

登山绳由尼龙制成。早期尼龙绳质地硬，使用时摩擦力大，而且弹性太强，虽然优于天然纤维所制成的绳子，但使用起来颇为不便，于是编织尼龙绳（图3-10）逐渐替代了早期搓制的尼龙绳，这种合成纤维绳逐渐成了攀登绳的主导。

图 3-10　编织尼龙绳

编制尼龙绳的结构分为芯线和绳鞘，大部分抗拉力和缓冲作用来自芯线，而绳鞘的作用主要是保护芯线，与芯线平行并列，且每根都编织成辫状。绳鞘使用尼龙丝平滑编织。

编制尼龙绳保留了尼龙材质韧性强的优点，完全纠正了搓制尼龙绳粗硬、摩擦力过大、弹性太强的缺点。编制尼龙绳是目前唯一获得 UIAA 检验认可的登山绳。

二、登山绳的类型

通常登山绳根据用途可分为三大类：动力绳、静力绳与辅助绳。

动力绳是登山时使用率最多的一类绳子，其特点与功能就是能利用自身特性吸收登山者坠落时的冲击力，也就是延展力，国际标准要求单绳延展不超过 8%。因为登山绳仅结实耐磨是不够的，如果没有好的延展力，那么坠落时腰部会受到重创。动力绳根据作用分为三类：单绳、半绳以及双绳。

静力绳与动力绳的最大区别在于是否能够延展。通常静力绳柔软度适中，延展率接近 0，延展性远远小于动力绳，但还是有一点延展性。静力绳主要用于工程、救援和等任务，登山时一般不用静力绳，静力绳更不能用作下方保护绳。

辅助绳比主绳要细很多，直径一般为 2 ~ 8 毫米，结构和外观与主绳区别不大，但延展度较低，主要在攀登活动中起辅助作用，具体用作陆绳、抓结、登山辅助、捆绑等。

早期的攀岩者使用天然纤维（马尼拉麻和琼麻）制成的绳索，但此类绳索在严重坠落的情况下无法支撑。在第二次世界大战期间出现的尼龙绳质轻而强韧，可以承受超过2吨的重量。尼龙绳的弹性特色更是保护坠落攀登者非常重要的因素。攀登者坠落时，尼龙绳会伸展，分散大部分的冲击力，减轻坠落的力量，缓冲突然停止或剧烈摇晃。

过去的尼龙绳是搓成或捻成的。许多尼龙细线捻成三四股主绺线，再搓成一条绳子。搓制的尼龙绳逐渐被专门为攀登所设计的编织绳所取代。现在的编织绳中间的绳芯是平行并列或编成辫状的尼龙丝，外层覆以平滑编成的尼龙皮。编织绳保留了尼龙绳的优点，却没有搓制尼龙绳的缺点——粗硬、摩擦力过大、弹性太强。编织绳是目前唯一获得UIAA以及欧洲标准委员会（CEN）检验合格的登山绳。

登山绳的尺寸、长度和特色种类繁多。登山绳上必须标有制造商标、UIAA或CEN的级数，并详细说明如长度、直径、延展、冲击力道、坠落级数等。由于评级机构皆来自欧洲地区，因此全球的绳索度量标准为公制。

（一）弹性绳

为攀登所设计的尼龙绳称作弹性绳。弹性绳的冲击力道较低，因为它在坠落时会伸展。在选择登山绳时，最重要的考虑项目之一便是冲击力——通常越低越好。使用一条冲击力低的绳子表示攀登者在坠落时不会遽然停住，而传导到坠落者、确保者与固定点的冲击力也会减小。

长久以来，休闲攀登用标准绳的规格是直径11厘米，长50米，延展性为8%或7%。近年来，60米或70米长的绳子也愈来愈受欢迎。还有其他许多不同直径大小的绳子可供选择，因使用者的需求而异。

直径较小（约8厘米）的弹性绳通常成对用于双绳或半绳系统。此类直径较小的绳索系统利用两条绳子的弹性保护攀登者，务必成对使用。

（二）静力绳

不同于弹性绳，静力绳、尼龙绳环与细绳并无延展性，因此甚至连几米的坠落都可能会产生严重的冲击力，造成固定点失效或是攀登者严重受伤。

无延展性或延展性极低的绳索并非用于保护先锋攀登者，它的用途包括洞穴探险、搜救、作为远征攀登的固定绳或人工攀登的吊拉绳等。

三、登山绳的选购指标

目前，UIAA 对登山绳的考察和认定有两大指标，即首次冲击力与坠落次数。通常单绳用以下标准来测试：首次冲击力不得大于 12 000 牛顿（坠落物重 80 千克），在间隔 5 分钟（坠落系数为 2）的连续坠落中，耐冲击次数达到 5 次以上。合格的登山绳都有 UIAA 的认证。

UIAA 安全检测认证针对不同装备有详细检测指标。虽同样标有 UIAA 的认证，绳子之间的性能也有区别。最主要的判定方法是首次冲击力是否很小，是否能更好地保护坠落的登山者；另外，坠落次数越高则证明绳子的使用寿命越长。除了这两项重要的指标外，防切割系数、耐磨系数、防水系数也是考量登山绳的要点。假如登山绳未能将这几项指标做到位，就很有可能使绳子过早出现磨坏绳鞘的问题。

使用过绳子的人都知道，在绳子承重被拉直时，很容易被有尖锐角的物体横向割断。若是登山者正在使用登山绳登山，绳子遭到山石的横向切割断裂，那后果是致命的，因此必须保证登山绳的防切割系数。切割指数的测试方法是将登山绳悬挂 80 千克的重物垂下，横向放置半径为 5 毫米的尖锐物体，使用其边缘对绳子进行切割，首次实验中绳子如果没有任何破损，即为通过测试。

切割是尖锐物与绳子的横向摩擦，耐磨指数是考验绳子与尖锐物纵向的摩擦承受能力。测试绳子的耐磨性试验是用登山绳悬挂 10 千克的重物，使用旋转的砂轮纵向摩擦绳子，直到绳子的绳鞘磨坏，俗称露白，以绳子能坚持的时间长短考量纵向耐磨的能力。选购耐磨性强的绳子时，应选择带有 "PERDUR" 标志的，此类绳子的强度比其他绳子高 30% 左右。

绳子的防水性很重要。普通的绳子在浸水后会降低强度和韧性，若是在低温天气，绳子被冻上，强度会大大下降，非常危险。因此，现今好的防水绳都经过 Teflon 防水处理，这样可以防止水进入芯线，而且绳子外表有速干的能力。当绳子被水浸过后，本身质量改变小，高寒天气浸水后冻上的概率很小，绳子的使用寿命更长。

手感也是选择登山绳的重要考量条件。关于手感没有确切的参数描述，但可以根据试握与拉伸测试登山绳的软硬和延展程度。太硬或太涩的登山绳影响手感，无论打结、下降、保护与收绳都很不舒服。不少厂商用绳子打结时的直径描述登山绳的软度。不一定软的绳子就手感好，最重要的还是要看个人感觉。

绳芯与绳鞘在运用中的相互位移也是衡量登山绳好坏的参数之一，现在绝大多数的登山绳都标明零位移。

没有任何一条登山绳可以适合所有类型的攀登，对于不同的攀登类型，要选择使用适合的登山绳。

在竞技攀登与攀登陡峭程度不大的山峰时，可以选择使用单绳。由于攀登的难度不高，因此线路上的保护点都比较安全可靠，使用和操作绳子比较容易把握。

对于陡峭的山峰来说，半绳能够较好地帮助完成任务，半绳可增加保护垫，同时绳子的直径小，延展性大，坠落时对保护点的冲击力较小，能够最大限度地提高安全系数。若攀登冰雪山峰，最好使用有防水功能的半绳，不但能够防止绳子浸湿影响操作，还可以避免绳子冻僵。若绳子冻僵就会很难打结，更无法把绳子塞入保护器。

双绳可用于整绳长度的下降，使用双绳就可以不用携带下降用的辅绳。因为双绳比单绳 / 半绳要细，需要将两根绳合在一起使用，将其扣入同一个保护点，相比单绳与半绳，两根绳子不容易被同时割断（登山史上从未出现过双绳被同时割断的情况），所以下降的安全系数相对较高。

1.登山绳的颜色

绳皮的图案与颜色各不相同。有些绳子的中间点会呈现对比色彩，让攀登者容易找到绳中；有些会把绳尾染成鲜明的颜色，便于攀登者在确保或垂降时易于看清绳索尽头。当同时使用两条绳子时，采用两种不同颜色的绳子可以在确保或垂降时易于辨认。

2.登山绳的防水处理

绳子湿了之后，除了很重、不好抓握外，还可能因结冰而不听使唤。湿绳能承受的坠落次数较少，强度比干燥时降低 30%。

绳索制造商在某些绳子上会采用硅树脂处理或含氟合成树脂处理的外层，使绳子更加防水，从而在潮湿的环境下更加强韧性。此类"干绳"处理不但可以提高绳子的耐磨性，而且减小了绳子穿过钩环时的摩擦力。经过防水处理的绳子价格通常比一般绳子高约 15%。

四、登山绳的常用打结方法

在登山运动中，利用登山绳打结帮助捆绑东西或穿越障碍地带是较为常见的方法。认真学习绳子打结的方法可增加野外生存知识，这些简单易学的打结方法在日常生活中也会用到。

（一）结绳技术

绳结可以发挥绳子的许多特殊用途。例如，将攀登者联结到绳子上、联结山壁为固定点、连接两条绳子以供长距离垂降使用、利用绳环攀绳而上等。

攀岩者要会使用十余种基本的绳结与套结。应经常练习这些绳结，直到可以不假思索地打好。有些绳结较受欢迎的原因是它们对整条绳子的强度影响较小。而有时选择某些绳结，是因为比较容易打，或是在使用时不易松开。

绳子不常使用的那个端称作静止端，另一端则称为活动端。将绳子反折180°形成的小圈称作绳耳。套结是指必须绕在一个物体上才能发挥功能的绳结。双绳结是由两条绳子或是同一条绳子的两个绳段所结成。不论何种绳结，皆须打得干净利落，让不同绳段保持平整而不扭曲。绳结应打紧，最后在活动端打个单结固定好。养成经常检查绳结的习惯，特别是在开始上攀或垂降前。

（1）单结。单结常用于打完绳结后固定活动端。单结的打法是将活动端绳头穿过绳圈。

（2）双单结。双单结用于结冰状况下的垂降绳结，垂降收绳时，绳结可能会卡住。抓住两条绳子的活动端，打出一个基本单结，便可用于双绳垂降。

（3）单结绳环（图3-11）。单结绳环通常用于在普鲁士绳环上打出腿环，在双绳或一段伞带上打出一个绳环。抓住绳圈打出一个基本单结，而不是使用活动端绳头打结。

图3-11　单结绳环

（4）水结。水结通常用于把一段管状伞带打成带环。水结时间一久会变松，因此务必把每个绳段拉紧，绳结尾端至少要留出一段长度。

（5）平结。平结可以作为垂降绳结（两头绳端皆须打上单结固定），也常用于绳子盘妥后的收束。

（6）渔人结。渔人结用来连接两条绳子。交叠两条绳子的活动端绳头，各自以此绳头在另一条绳子的固定端打出单结。在攀登时，大多使用双渔人结。

（7）双渔人结。双渔人结也称作葡萄藤结，是把两条绳子的绳端绑在一起，垂降时是非常安全的绳结。双渔人结比编式8字结受欢迎，因为结体较小，当垂降后把绳子拉下时也比较省事。打法与渔人结相同，只是活动端绳头绕过另一条绳子时要绕两次，将绳头穿过各自的绳圈，而后再打上单结。具体步骤如下：①将两绳段交叠，拉起一绳端，而另一绳端绕过；②将此绳端穿过形成的绳圈；③将两对绳头往反方向拉，形成一个正方形；④把绳结拉紧理好即可。

（8）8字结环。8字结环是很强韧的绳结，受力之后也很容易解开。

（9）编式8字结。编式8字结非常适合用来连接绳子与吊带。编式8字结最后应在绳子尾端打上一个单结。

（10）单称人结。单称人结可在登山绳的尾端打出一个不会滑动的绳圈，可以用来绕过树干或其他固定点作为安全保障。绳尾应穿过绳圈自内侧拉出；若自绳圈外侧拉出，绳结不牢固。最后打个单结收尾。

（11）双称人结。位于三人绳队中间位置的攀登者可用双称人结连接绳子与吊带。末端的绳圈用单结或附保险的钩环固定；用铁锁看来较利落，而且结体较小。

（12）单称人结加优胜美地收尾结。单称人结加优胜美地收尾结和单称人结大致相同，但绳尾重回绳索缠绕，直到与主绳段平行为止。该结受力之后极易解开，适合上方确保式攀登使用。

（13）蝴蝶结。蝴蝶结的特征是可承受两端绳头或绳圈端的拉力，却不会松开。可用有锁钩环穿过绳圈与他物连接。具体步骤如下：①利用绳圈打出称人结；②以有锁钩环固定绳圈尾端；③松松地打出一个单称人结；④将活动端绳头从整个绳结的后方往上拉，而后穿过单称人结最上方的绳圈；⑤把绳结拉紧；⑥穿入中绵绳圈；⑦将下方绳圈向上拉到后面穿过上方绳圈；⑧把绳结拉紧。

（14）双套结。双套结可以很快地把绳子扣入铁锁，与固定点连接。打双套结的好处是易于调整确保者和固定点之间的绳索长度，不需将绳子自铁锁上解开。双套结也是一个可以绑住半钉人岩面的岩钉的简单绳结。

（15）系带结。系带结是有多重用途的简单绳结，如将伞带绑在背包的提环上。

（16）单套结。单套结是绑东西的简单绳结。

摩擦结可以很简单而快速地建立一套系统，使人依附绳子上攀或下降。摩擦结受力时可固定在登山绳上不动，而外力去除后又可自由移动。最常见的摩擦结为普鲁士结，巴克曼结和克氏结也很有用。

（17）普鲁士结。普鲁士结先打一个系带结，并将辅助绳在登山主绳上缠绕几圈。辅助绳通常是5～7厘米长的合成纤维绳索打成的绳圈，用来缠绕主绳两次或三次。绳子结冰或负重物时需多绕几圈，才有足够的摩擦力可以固定。

辅助绳直径须小于主绳直径，才有足够的摩擦力，而直径相差越大，抓力越强。相较于直径较大的辅助绳，直径很小的辅助绳反倒会使普鲁士结不易操作。伞带通常不用打普鲁士结，因为它可能会难抓附。

将两条绳环用普鲁士结绑在登山主绳上，便可沿着登山绳上升或下降。救难时可利用普鲁士结将人员和装备拉上或降下。

（18）巴克曼结。巴克曼结的作用和普鲁士结相同。巴克曼结缠绕住钩环，比普鲁士结易于解开和滑动。当登山绳穿过此绳结时，巴克曼绳结会具有"自我照料"的特色，不需要很积极的操纵，它会自动将绳子往非施力方向。具体步骤如下：①绕过主绳打出一个系带结；②把绳端拉到绳结与主绳下方；③把绳结转80°，并将绳端再次缠绕主绳；④打一个缠绕两圈的普鲁士结；⑤打一个缠绕三圈的普鲁士结。

（19）克氏结。克氏结亦可代替普鲁士结，它的优点是既可以利用辅助绳制作，也可以利用伞带制作。若手边有很多伞带但辅助绳不够用，就可以打这种绳结。

辅助绳或伞带以螺旋状环绕在主绳上，然后穿过最上面一圈的绳圈。把绳圈下拉便成为基本克式结，而且可以用钩环扣住。系紧的克式结比基本克式结容易解开或移动。克式结可以绑在钩环上，成为绳子上的把手点。

（20）自锁结。自锁结与克式结很像。绳圈的一端由铁锁锁住。将绳圈缠绕主绳三次以上，以制造摩擦力，然后绳圈的活动端再扣入钩环。自锁结常用在垂降时的自我确保。绳圈的一端以系带结扣住吊带的腿环，另一端则通过铁锁扣住腿环。

（21）意大利半扣。意大利半扣很好打也很容易使用，但须搭配大的梨形有锁钩环方能有效给绳。先用绳子打一个简单的圈，然后扣进铁锁，以制造摩擦力。意大利半扣非常适合确保先锋攀登者或降下攀登者，因为这个结双向皆可施力（可以从钩环往上给绳，也可以把绳子穿过钩环往下拉），这个结也可以提供足够的摩擦力使确保者能止住攀登者的坠落，或者是透过抓握绳子的制动端降下攀登者。意大利半扣也能为垂降提供足够的摩擦力，不过与其他垂降方式相比，容易扭结绳子。即使偏好使用专门的垂降器，还是应该记得这个绳结，以防万一遗忘或丢失垂降器。具体步骤如下：①将一绳环缠绕主绳 5 次，将活动端绳头穿过绳环尾端的圈。②将活动端绳头往下拉。③利用伞带打出的克式结，并以钩环扣住。④系紧克式结。将活动端绳头往上拉，绕过绳环的圈，形成一个新的绳圈并穿过，将各绳段拉紧。⑤绑住钩环的克式结。

（二）登山者绳盘

当绳子放在背包上携带时适用此种盘绳法。盘起绳子，在一边绳尾留下数十厘米，反折另一端绳尾，将较长的那端绳尾穿过绳盘，重复缠绕绳盘，以固定住反折的绳尾。之后将此绳端穿过反折绳尾的小圈，然后用此绳端和小圈打个平结（图3-12）。

图 3-12　登山者绳盘

（1）蝴蝶绳盘。此法盘绳通常快些，不会纠结绳子，若没背背包，也可舒适地绑在身上。盘起绳子，两端绳尾留长，屈起绳盘呈马鞍状。抓住两个绳端，同时缠绕绳盘中段数次。折起绳端成小圈，并抓住小圈穿过绳盘上方的大圈，这个小圈要留得够大。然后抓住剩下的绳端穿过这个小圈，整个绳端必须完全穿过（图3-13）。若要把蝴蝶绳盘绑在身上，先把绳盘放在背后，将两端绳尾各自绕过一边肩膀，然后绕到背后交错于绳盘上，再绕过腰部回身体前端绑紧。

图 3-13　蝴蝶绳盘

无论使用哪种盘绳法，在使用绳子前小心解开绳盘是很重要的，这可以避免绳子乱成一团。不能把绳盘往地上一丢，就开始扯开绳端，这样可能会揪成一团。应先解开系紧绳子的结，然后顺势解开绳盘，一次一圈地松开，把绳子堆成一堆，这个程序称作抽丝剥茧法。每次确保前小心地解开绳盘是个好习惯，免得在确保时突然出现绳结或是绳子扭结在一起的情况。

（2）绳袋与防水布。这些是绳盘的替代物品，两者都可以在运送途中保护绳子。摊开的防水布可以避免绳子接触地面。绳袋和防水布虽然增加了重量与成本，但在某些情况下如运动攀登时是很值得的。

五、登山绳的使用注意事项与保养

（一）注意事项

登山绳在登山过程中非常重要，与生命安全紧密联系，有些"驴友"称其为"生命之绳"，因此要特别注意绳子的使用与保养，要点有以下几条：

（1）市面上购得的登山绳虽已经过处理，但若选择按米销售的登山绳，剪至需要长度后要将绳子两端加以固定，否则在登山过程中绳末端极有可能散开，非常危险。

（2）切记在使用前仔细检查绳子，绳子有伤痕和扭结，都有可能会在登山使用时断裂。若有伤痕必须及时更换，如有扭结要将其复原。

（3）注意绳索的清洁，否则污物会导致绳子劣化，降低绳子的强度。在户外不要将绳子置于地上，还要尽量防止油渍污染绳子，使用后应及时清理绳子。

（4）注意不要踩踏绳子，否则会导致绳子劣化。若踩踏时将石头混入绳子，使用时绳子就会有断裂的危险。特别是如果脚下有防滑装备时，踩在绳子上，那绳子基本就不能使用了。

（5）即使绳子有防水处理，也要尽量避免将绳子弄湿。

（6）了解绳子的安全使用负重，应根据用途选择绳子的负重。根据绳子的粗细、材质与使用环境进行选择，这样才能确保安全。

（7）当绳子负重较多又必须接触尖利的岩石棱角时，就有发生断裂的可能，通常这种情况的安全准则是禁止使用登山绳索，若非用不可，需要在绳子外包上毛巾等加以防护，避免绳子直接与尖利的岩石棱角接触。此种情况下不要突然增加重物，以避免增加绳子的负担。

（8）最好不要将绳子互相转借，因为对于借出去再拿回来的绳子无法探视绳子的状况，别人使用后留下的隐患会造成后续的危险。

（9）绝对禁止将绳子靠近火堆等高温源，否则会改变绳子的分子结构，影响绳子受力。

除上述所讲的绳子有伤痕需要及时更换外，使用两年以上、被过度使用的绳子，即使表面无伤痕，也需要替换。另外，曾经承受过突来重力作用或拉力的绳子，也不可再次使用，需要更换。

（二）保养

绳子乃攀登者生命之所系，务必细心呵护。

（1）避免损伤登山绳。踩在绳子上是最常见的伤害，此举会把锐利的细小微粒踩入绳皮。久而久之，这些细小颗粒会像小刀一样不断地割磨绳子的尼龙纤维。穿着冰爪时更应留心避开绳子，否则即使绳皮看不出痕迹，绳芯也很有可能已遭伤害。不要让绳子接触可能会造成损伤的化学物质或其他化合物。

在使用绳子时，应注意保护绳子。在攀登线路时脱落或下降后，应在重新攀登前暂停几分钟，这几分钟能让绳子恢复一些弹性和承受压力的性能。当绳子与安全带打结系紧时，同样吸收能量，所以应该养成习惯，不用时将绳子松开，使其得到充分休养。每一次降落到地面时，应把绳子扣回原处，或者用劲甩动绳子末端，不让绳子缠在一起。

（2）清洗与晾干。按照制造商的建议保养绳子。一般来讲，应经常以温水与温和的肥皂清洗绳子。绳子可以放在浴缸里用手洗，或用滚筒洗衣机洗（绳子可能会缠住上开式洗衣机的洗衣轴）。在干净的水中漂洗几次后晾干，不可直接暴晒于阳光下。

（3）储藏。储藏时绳子务必完全干燥。解开所有的结，松松地盘起来，存放于干爽的地方，远离阳光暴晒、热源、石化产品、酸性物质及其他化学物质。

（4）汰旧换新。检视绳皮以评估绳况。时常检查绳子，尤其是在坠落之后，确认绳皮是干净的，没有磨损或变软的地方，而绳子尾端熔接完整且没有磨损或散开。若被冰爪刺伤、磨损过度、被岩面或锐角切割，绳皮损坏，绳子的强度可能就会大打折扣。

绳皮若无明显的软化点或斑痕，很难决定是否该汰旧换新绳。影响绳况的因素很多，包括使用频率、保养的方式、承受过多少次坠落以及绳龄。

在一次严重坠落后淘汰绳子是明智的决定，尤其是绳子的某些部分已变得软软的或平平的时候。考虑是否汰旧换新绳时，需把绳子使用的历史与其他会影响绳况的因素同时加以评估。

绳子长时间使用后，应注意绳子的安全性。判断绳子寿命最简单的方法：①

室内训练攀登绳，大约用几个星期；② 每个星期数次攀登，可用 2 ～ 6 个月；③ 一星期用一次，大约用 2 年；④ 偶尔用，可用 4 年；⑤ 当绳子已经变硬、表皮损坏，或局部区域（一般会出现在常使用的一端）有变软或变扁的现象就应该换掉。此外，如果对攀登的绳子有任何疑问（觉得绳子可能不牢靠、不放心、看不顺眼……），干脆换掉。

当绳子的任一端变得毛糙，可剪掉这一节并继续使用，但应记住：这短了一截的绳子看起来像新的，可它与被截掉的部分一样已经承受多次下降的考验。因此，使用时一定要谨慎，同时确保它在使用时仍足够长。

第四节　上升器的结构和分类

上升器是登山、攀岩、户外运动最常用的技术装备之一，是能够帮助攀登者抓握绳子的器具，也是通过危险地区时进行自我保护的重要装备。

一、上升器的结构

登山时主要用于陡坡的爬升，不但能够让登山者抓稳绳索，还能保证绳子只能往一个方向移动，持握感非常好，让使用者能够借上更大的力向上攀登。

上升器的原理是器具上设置一个专门的绳索通道，这样可以很好地保证绳索向一个方向移动，当绳索有向另外一个方向移动的趋势时，锁齿装置会立即锁止绳索，因此固定了绳索的移动方向。上升器与绳索、安全带共同组成了一个保护系统。

二、上升器的分类

上升器具体分为手式上升器、胸式上升器和脚式上升器。

手式上升器可分为左手上升器与右手上升器，区别在于用左手打开开关还是右手打开开关。每个上升器自带绳梯，使用时先以左手握紧上升器向上通过绳梯，同时带动左脚抬起，移动到预定位置后，左手开始拉动，左脚向下踩，使身体上升，左脚上升站稳后，右手带动右脚做同样动作。周而复始，使身体向上攀升。

胸式上升器固定在登山者的胸部，通常用穿戴的安全带通过铁索连接，随身体上升一起运动，是对身体增加的另一个保护点。在登山过程中，若胸式上升器无法上升，就应立刻检查上升器的安装是否正确。调整后，用手拉动胸式上升器下方的主绳，继续正常动作。

脚式上升器固定在登山者脚部，使用时一定要注意安装的正确性，将上升器绑于脚踝，调节扣要扣紧，以便脚部发力使上升动作顺利。脚式上升器，分为左、右脚上升器，与手式上升器配合使用。

第五节　安全带的选购与使用注意事项

如今登山、攀爬都少不了安全带，其作用有两点：承受冲坠力和分散拉力。

一、安全带的分类与结构

安全带的设计包含加厚加宽的腰部衬垫、腿环、保护环和装备环。登山者无论是下降、冲坠还是挂在岩壁上进行其他操作，这些设计都能使他们更加舒适和安全。

全身式安全带是早期登山的常见工具，其优点是装备安全带登山时，受力的方向垂直于地面向上，可以将拉力均匀地分散到腿、胸、背。但在登山实践中，全身式安全带暴露了弊端：当冲坠过于猛烈时，安全带会不停地转动，使登山者极容易眩晕或颈部受伤。另外，全身式安全带价格也偏高，穿脱较为烦琐，如今已经很少有人选择它用于攀岩登山了。

坐式安全带属于半身式安全带，如今用途较广，在登山时将坐式安全带配上胸式安全带就可以达到全身式安全带的效果，且基本改善了全身式安全带的缺陷。

坐式安全带有两种设计：一种叫作尿布式（从两腿间穿过最后与腰带连接），另一种叫作 Swami 式安全带。

尿布式安全带的结构特点是从两腿间将带子提起和腰带相连，这种结构在使用时有几个弊端：在岩壁上挂着时，腿部舒适度欠佳；没有保护环，需要额外加登山扣；受力较为集中，分散拉力较差；冲坠时，受力点会分散，对腿和腰会产生伤害。设计者们不断地进行改良，以使其专门适用于登山。

Swami 式安全带是目前市场上最为流行的款式。该安全带自 1967 年被设计出来后，经过多次改进，但保存了核心的设计。

衡量一款 Swami 式安全带，腰部的舒适和安全最为重要。通常，较好的安全带腰带的背部宽 8 ～ 11 厘米，前部宽 4 ～ 5 厘米，这样能够保证登山者在休息时更加舒适和安全。

腰带的背部不一定越宽越好，8 厘米的设计能够很好地保护腰部且不影响登山的动作。背部过宽会影响动作的协调，但有一点好处是能够更好地保护腰部。

（一）坐式安全带

坐式安全带的腿环可以调整成适当的大小，舒适地固定在臀骨上，并将坠落的冲击力分散到整个骨盆。垂降时它则像个舒适的座椅（图 3–14）。

图 3–14 坐式安全带

（二）制式安全带

不论穿多少层衣物，制式安全带可调式腿环都能调整到舒适的贴合程度。特别是需要停在空中一段时间时，腰带与腿环皆附有衬垫以提高舒适度。腿环可松开，上厕所时不需脱下吊带，甚至不需解开绳子。腰带的扣锁偏在一侧，因此在确保或垂降时，它不会跟连接吊带的绳结或有锁钩环卡在一起。装备吊环可供携带钩环或其他攀登器械之用。

（三）胸式安全带

胸式安全带可以在坠落之后以及使用普鲁士结或器械攀绳而上时，保持身体直立。坠落之后，只需要用钩环将登山绳扣住胸式吊带，即可提供较高的稳定度并保持直立。胸式吊带会将部分坠落的力量传导到胸部，但胸部较骨盆（坐式安全带将力量传导至此）容易受到伤害，因此，在攀岩或一般攀登时，通常不会把绳子扣入胸式吊带。在冰河行进时偶尔会将绳子扣入胸式吊带。

（四）全身安全带

完整的全身安全带包含胸式安全带与坐式安全带，连接绳子的点也较高，可以降低坠落时身体往后倾斜的概率。由于全身吊带可将坠落的冲击力分散到身体躯干，因此不易造成下背部的伤害。全身安全带较为安全，可以防止登山者落进裂缝里被倒挂在空中。

二、安全带的选购

户外装备店的安全带种类较多，样式、价格等方面区别较大，因此选购时需要掌握一些技巧。

安全带可根据腰带尺寸分为不同的型号。尺寸太小，活动范围被限制，同时身体也会被勒得难受；尺寸太大太松，安全系数低，如若发生头朝下冲坠，则有从安全带中掉出的危险。另外，尺寸大容易造成腰带位置上移，压迫肋骨和横膈膜，舒适度欠佳。

注意男女款安全带的区别。同等身高女性的髋骨上沿到大腿根部的长度要比男性长。因此，同样的安全带尺寸，女款腰带和腿带之间的距离更长，男士不适用。

根据自己的活动项目选择相应的类型。安全带按功能分为多种用途，如爬山用安全带、岩壁用安全带。

购买安全带前，需试穿以确定攀登衣物是否合身。市面上安全带的种类繁多，大部分的安全带需要将腰带二度回拉穿入扣锁，以确保安全。确定腰带在二度穿过扣锁后仍留有至少5厘米的长度。

三、安全带的使用注意事项

正确使用安全带，应注意以下事项：

（1）使用安全带之前一定要检查，查看安全带是否有损坏情况。

（2）使用者要熟悉安全带的使用方法。

（3）在寒冷季节使用坐式安全带时，腰带应尽量靠近内衣，不要穿到外衣以外。

（4）所有可调节的带子必须反扣并拉紧。

（5）安全带上的装备环不能受力，因此不能用于任何形式的保护。

（6）穿着安全带时不要与他人交谈，穿着完成后互相进行检查。

安全带主要是为攀登者提供舒适、安全的装备。安全带分为可调式和不可调式。可调式安全带适用于登山、攀冰、攀岩场所，不可调式的安全带是个人攀岩专用。好的安全带应合适、舒服、牢固且易穿戴。选择安全带应考虑个人体形或体重，选用相配的型号。因为安全带式样不同，所以安全带的系配方法也相应不同。为了安全，使用安全带之前，应认真阅读使用说明书，按照说明书的方法做。系好后检查两遍方可开始运动，如有问题立即告诉同伴。

每次使用安全带时，应对安全带的安全性能进行检查，尤其是长时间使用安全带造成安全带磨损时。一旦发现安全带上的保护环套起毛或断裂，就不应再用它。安全带与主绳一样，关系着自己的生命。在不使用时，应将安全带保管好，避免灰尘、暴晒、脚踏等。

第六节　登山扣的分类与选购

登山扣在登山技术装备中用途最广，是不可缺少、无法替代的器材。登山时登山扣的主要用途是联结登山绳与中间支点，使用登山扣攀登可避免一些烦琐的绳结。另外，登山扣是将安全带、上升器、下降器等许多攀登装备进行组合的重要装备，同时也是安全的保障，被"驴友"称为安全扣。

一、登山扣的分类

面对不同的登山状况，所使用的登山扣也不一样。登山扣有 4 种基本形状：O 形、D 形、变 D 形和 HMS（又称梨形）登山扣，使用之前需了解各类登山扣的特性。

O 形登山扣是基本型，形态结构为左右对称，形状浑圆无锐角。在使用上升器、下降器、自攀器或滑轮时，必须搭配 O 形登山扣。这种登山扣强度较差，因此很少直接受力。

D 形登山扣可以由没有开口的那一边承受更大的负荷，较好地改善 O 形登山扣强度不足的缺点。同等大小的 D 形登山扣比 O 形登山扣轻，挂进绳子或固定点比较容易。

变 D 形登山扣是 D 形登山扣的变形款。形态结构一端较宽，一端较窄，这种特别的设计使其比 D 形登山扣轻，强度却更大。变 D 形登山扣开口相对较大，在挂进或挂出时，动作更加容易，且能很快知道哪一边是开口。如今，变 D 形登山扣有超越 D 形登山扣的趋势。

HMS 登山扣的形态结构为一端大、一端小，形态类似梨。HMS 登山扣常与下降器材配合使用。另外，为了避免此类型登山扣意外打开，多数带有可上锁设计。梨形登山扣可以配合意大利半扣结作为垂降、保护之用。

二、登山扣的选购

登山扣类型繁多，在选购时需要注意以下几点。

首先，考量登山扣的强度。根据 UIAA 制定的标准，登山扣长轴在闭合时强度不能小于 2 000 千克，在打开时不能小于 600 千克，短轴的强度不能小于 400 千克。登山扣闭合时沿长轴受力属于正常受力。使登山扣意外打开所承受的力，同样不可忽视。

其次，其重量也较为重要。登山扣依重量可分三类：标准重量（55 克以上）、轻量（55～40 克）、超轻量（40 克以下）。登山者往往喜欢比较轻量的登山扣，重量大约是标准型的 50%～70%，骨干较细，但价格偏高，使用寿命短。攀岩的人通常不会计较登山扣重量的差异，而是注重选择强度较大的登山扣。

再次，需要考量登山扣的手感。选择时，将登山扣握在手中，感受登山扣质感，看其是否容易被掌控；检查防脱闩，看是否能够顺利地打开和关闭，测试挂进与挂出的动作是否顺利。

选购登山扣时，防脱闩的设计也是考量条件。目前市面上的防脱闩类型有直防脱闩、弯防脱闩、自动弹簧锁防脱闩和钢丝防脱闩。

除此之外还有自动弹簧锁扣与钢丝锁扣。自动弹簧锁扣只要挂入，松手就能自动锁住。钢丝锁扣容纳绳子的空间较大。

第七节　扁带的分类与使用注意事项

扁带在户外登山中有广泛的应用，是连接快挂、登山扣和上升器的必要工具。

一、扁带的结构

扁带（图 3-15）是由一组或多组纱线经循环相交而形成的带类产品，其材料可分为棉纱、丙纶纱、涤纶纱、丝光棉、尼龙和人造丝等，或由多种材料交叉组合。

扁带在使用时可与保护支点接触，减少绳子的磨损度，还可制作成攀爬的辅助工具。由于扁带具备很高的强度、抗拉性与耐磨性，因此使用扁带登山增加了安全系数。

图 3-15　扁带

二、扁带的分类与选择

登山时常用的扁带可分为三类：散扁带、快挂扁带和成型扁带。应根据所需进行选择。

成型扁带是厂家根据不同类型的需要量身定做的扁带，这类扁带的长度一般为 60 ～ 120 厘米。成型扁带出厂时必须经过检测，相对来说这种扁带安全系数较高。

三、扁带的使用

使用扁带时，需要特别注意以下几点：

（1）若购买散扁带，制作完成后留出的末端应用胶布绑好，以免散线脱开。使用自制的扁带需要经常检查有无损坏。

（2）在使用过程中，扁带扭曲是很危险的，应尽量避免。最好使用两根扁带与固定支点连接。

（3）携带扁带应注意不要让其影响自身行动，可斜挂在肩上或是放在方便拿取的地方。

第八节　下降器与保护器的分类与选择

在登山下降时，使用的器械有两种：一种是保护器，一种是下降器。保护器同时具备保护功能与下降功能；而下降器主要具有下降功能，保护性一般。

一、下降器与保护器的分类

目前在登山中使用的下降器 / 保护器大致有 8 字环类、ATC 类和机械性制动类三类。

8 字环类保护器是最为普遍，没有机械性设计的结构，在使用时不会出现任何机械性故障。8 字环类保护器的使用相对简单，其本身结构为左右对称的封闭金属环，在装绳时只要按照通常的方法操作就可以了。8 字环类保护器造型不一，绳子的形变角度和摩擦力大小也不尽相同。

8 字环类保护器对于登山绳的直径要求不高，适用范围广。在装绳时只要按照通常的方法操作就可以了。

近年来，除了 8 字环类保护器以外，ATC 类保护器是使用最为广泛的一类保护器。其特点是结构较机械性保护器简单许多，操作简单，绳子通过锁后不容易发生变形而造成扭曲。ATC 类保护器一般分制动端和攀爬端，靠制动端增加摩擦力，靠攀爬端上升，因此要注意装绳方向。ATC 类保护器对绳子的直径要求较为严格，一般在 8.3 ~ 12 毫米。

机械性制动类下降器操作非常繁杂，而且只能作为下降使用，保护性意义不大。最为苛刻的就是一定要按照要求装绳，否则就非常危险。

机械性制动类下降器的结构、设计与使用都与 8 字环类、ATC 类保护器有很大的差异。其最突出的优点是带有自锁功能，并可通过用手调控自由绳端控制下降速度（图 3-16）。

图 3-16 下降器与保护器

二、下降器与保护器的选择

对于初学者而言，选择什么样的保护器是关键问题。首先，应掌握各类保护器、下降器的工作原理，如利用摩擦力原理的 8 字环类保护器与 ATC 类保护器比较容易掌握和操作，因此这两种保护器的使用较为广泛。应注意的是，8 字环类保护器结构简单，散热迅速，但对使用者的力量有一定的要求，相比 ATC 类保护器更为简单、方便。8 字环类保护器因为质量较轻更适合登山远行，而 ATC 类保护器更适合攀岩运动。

第九节　登山头盔的分类与指标

在户外登山运动中，登山头盔是防止落石击伤头部的最为有效的装备，也可以在非正常跌落时对头部进行保护。

一、登山头盔的分类

目前市面上的登山头盔分为三类：硬壳式登山头盔、泡沫塑料式登山头盔、混合式登山头盔。

硬壳式登山头盔采用高强度工程塑料或纤维增强高聚物制成，这种头盔的优点在于结实耐用，禁得起摔打，装入包中不用担心其他重物的按压；缺点是质量较重（图 3-17）。

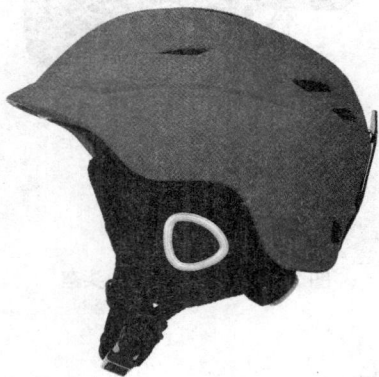

图 3-17　硬壳式登山头盔

　　泡沫塑料式登山头盔采用泡沫塑料材质制成。这种登山头盔并不像名字看起来那么"软"，它的头盔优点在于质量较轻，抗冲击力与强度较好，但不及硬壳式头盔（图 3-18）。

　　混合式登山头盔外表采用一层薄的硬壳材质，内衬是泡沫塑料，其原理和使用感觉与泡沫塑料登山头盔较为相似，但强度更好（图 3-19）。

图 3-18　泡沫塑料式登山头盔

图 3-19　混合式登山头盔

二、登山头盔的指标

　　为了能够更加安全地参与登山活动，在选择登山头盔时，至少要选择通过了

UIAA 和欧洲市场安全认证（CE）标准检验的产品，通常要通过以下几项测试。

（1）正冲击试验：5 千克钝头重物（钝头半径 5 厘米）从两米高自由落体，砸到头盔顶部，假人（木头制）颈部承受的冲击力必须小于 8 000 牛顿（UIAA 的标准），CE 的标准为小于 1 万牛顿（9.8 牛顿 =1 千克力）。也就是说，假人颈部承受的冲击力必须小于 800 千克力（UIAA 的标准），CE 的标准为必须小于 1000 千克力。

（2）侧冲击试验：与正方向（头顶）呈 60° 夹角，分别从前方、两个侧方和后方测试，钝头重物从 50 厘米高处自由落体，假人颈部承受的冲击力必须小于 8 000 牛顿（UIAA 的标准），CE 标准为必须小于 1 万牛顿。

（3）锐物穿透试验：一个 3 千克重的锥状体（0.5 毫米的尖头）从两米高度自由落体，头盔必须承受至少一次这样的冲击。头盔允许被破坏，但不允许锐物直接触及头皮。

（4）稳定性试验（也称前后移位测试）：10 千克的重物从前方和后方分别砸在头盔上，头盔必须仍然完好地戴在假人头上，测试时记录下被砸后头盔移动的角度。

从上述 UIAA 与 CE 的实验中就能看出获得两项认证的头盔有多坚固，所以选购时一定不要忽视这两大专业机构认证的重要性。

在选择购买头盔时，除了要考察是否有 UIAA 与 CE 的认证外，还要注意所选的登山头盔是否可以方便佩戴护目镜，悬挂、减震功能是否良好。

第十节　岩石锥与岩石锤的正确使用

岩石锥是打入岩石缝中用于悬挂绳索、增加保护点的锥形物，而岩石锤则是用于将岩石锥钉入岩壁的工具。

一、岩石锥与岩石锤的结构

岩石锥与岩石锤是组合登山技术装备。在攀登陡峭岩壁时，由于没有较多的自然保护点，因此需要用岩石锤将岩石锥用力打入岩石裂缝里，形成新的人工支点，这样便可以悬挂绳梯或小挂梯，以帮助攀登较为险峻的地段。岩石锥品种和形状多样，分别用于不同地形和岩质，以及不同大小、不同走向的裂缝。岩石锤不但能够将钢锥钉入岩石峭壁中，还有将钢锥起出的功能。

二、岩石锥的选带

岩石锥不常使用，只有在攀登非常陡峭的山峰或是沿着很少有人攀登的路线进行多段下降时才会用得到。岩石锥的携带搭配较多，这里介绍一种较为合理的岩石锥随行搭配：1～2 枚较短的直角岩石锥，1～4 枚片状的岩石锥，1～2 枚箭状的岩石锥，2～4 枚小号 V 形的岩石锥。

课后习题：

1. 户外登山运动的全身穿戴有哪些部分？
2. 户外登山运动的登山装备有哪些？
3. 户外登山运动装备的使用方法有哪些？

第四章 登山的注意事项

学习目标

1. 登山过程中的注意事项
2. 登山的应急方案
3. 不适合登山的人群
4. 登山前后的准备工作
5. 上下山技巧

─ ─ ─ ─ ─ ─ ─ ─ ─ ─ ─ ─ ─ ─ ─

第一节 登山安全的注意事项

虽然登山运动对人的身体和心理皆有益处，但由于山峰的高度和野外复杂的环境，此项运动本身潜伏着一定危险，所以外出登山时应注意以下安全事项。

（1）无论单人还是组队登山，地点的慎重选择都较为重要。确定地点后，应向该地区居民询问，深入地了解当地地理环境和天气变化情况，然后通过相关信息选择安全的登山路线，并做好标记，防止迷路。

（2）早晨或上午开始登山是最佳选择，若是单日行程，下午就要下山或返回驻地，千万不要擅自改变登山路线和时间。

（3）选择组队登山时要考察领队的能力，不要跟随没有责任感及缺乏经验的领队。

（4）高山攀登与露营危险系数较高，俗话说老马识途，一个团队如果老手较多，那么安全系数就会较高，不要参加新手人数超过 1/3 的登山队伍去进行长距离或高难度的活动。

（5）如果没有足够的经验，登山队伍的人员要多于 4 人。

（6）行程、计划要缜密完整，并对每位队员及留守人员有彻底的了解。

（7）要确保携带充足的水和食物、完整的登山装备和露营装备，且适当进行备份，以应对意外情况。

（8）要想经常参加登山活动，平时就需要多训练体能及技能，定期做健康检查，以确保自身的健康状况能够应对登山运动。

（9）想要不断地攀登高峰，就要在平时多阅读专业书籍，观看相关的影视资料，储备足够的知识。

（10）要对自身登山各方面的能力有一个客观的审视，无论所攀登山峰的环境如何，都不能疏忽大意；不要做体力不及或知识不及的事情，避免危及生命安全。

（11）随身携带的手机等通信工具应随时保持畅通，应及时向家人或朋友报告行踪，电量储备应充分，确保能够坚持到活动结束。

（12）应随身携带能够证明自己身份的证件。

（13）登山的队伍拉得太长会影响沟通交流，要能够前后呼应；下山的时候最好是两人同行，单独行动容易发生意外。

（14）登山行进时，应注意前人留下的路标，认真辨别方向。天黑视线不清楚的情况下，切忌行进至溪谷或陌生线路。

（15）如队伍不慎迷路，应尽快返回原路，或寻至救援处等待救援。期间队员应保持心态平和，尽量恢复体力，若旁边有队员不安，应尽量安抚其情绪。

（16）在登山过程中，应时刻注意自身状态，适时地休整。若感到不适或受伤，应立刻告知同伴，并及时处理。

（17）组队登山应发扬团队精神，除保证自身状态，还要经常留意照顾同伴，处于危险地段时要互相提醒，协助通过。

（18）登山前一定要对登山过程中可能发生的各种突发事件进行了解，且掌握相应的应对措施。一旦发生意外，队员应保持冷静，应尽快与警方或留守人员联系。

（19）在山上用火要非常谨慎，尤其是在植被或树木茂密的山区，尽量不吸烟，不乱丢烟蒂，引起山火是非常可怕的。

（20）登山摄影是很有意义的事情，可以留住山间的美好瞬间，但千万不要在危险的地方（如崖边）照相，以免发生意外。

第二节　应急方案

山间天气多变、地理环境复杂、迷路、受伤等原因往往会造成登山事故，应尽量了解相关知识。跟随老手登山可最大限度地避免事故。一旦出现意外情况，可按照以下 4 条原则自救。

（1）当发生事故时，首先要保持冷静，这一点非常重要。应认真听、看，分析当时的环境，判断是否能凭借自身能力解决问题。尽可能快速地离开危险环境，避免二次事故发生。若出现伤病情况要及时包扎、用药，把伤害减到最小。若迷路，先判断是否能够自行沿原路返回，若无法做到，则需要尽快找到安全的地方休息或寻求救援。

（2）若发生突发情况，利用一切可利用的资源来确定自己的位置是寻求救援的重中之重。可利用随身携带器材，如卫星定位仪、高度计、地图等。若此时身上没有可用的器材，就需要观察山头、河流、大树等作为地形的参照物来判断位置，以便救援人员寻找。

（3）陷入险地就要及时利用已有的通信器材向外界发出求救信号。但若出现通信器材无信号或没有随身携带的情况，不要着急，要想办法通知外界：利用小镜子或反光物，借助光线发出信号；在空旷的地方摆出求救标志；在空地升起火堆，利用冒出的烟（注意防火）发送求救信号；夜间利用手电、荧光棒等灯光信号引起救援人员的注意；等等。

（4）在山间等待救援，有时会因为地形环境的原因不能很快被救援人员发现，这时就要做好准备，采取自救措施。首先检查食物和饮水，做好合理的分配，尽可能减少用餐量，使食物能尽量多维持一段时间。若长时间未能被发现，就要考虑去往安全、避风的地点，利用可用的材料搭建休息、过夜的设施。

第三节　不适合登山的人群

登山运动虽有益于身心健康，但不是所有人都适合这项运动，尤其是慢性病患者。

一、高血压

高血压患者血压波动大，参加登山运动更容易影响收缩压，直立性低血压的发生率也较高。老年性高血压患者的心、脑、肾等器官存在不同程度的老化和血管硬化，若再有其他慢性病，勉强登山会容易发生脑出血、心力衰竭、心肌梗死等并发症。高血压较重的患者常出现头昏、眩晕症状，头重脚轻，走路发飘，若参加登山活动，后果不堪设想。

二、糖尿病

糖尿病患者末梢血管病变的症状之一就是下肢血管病变，血管壁有斑块形成，这就造成了血管的狭窄、堵塞。若勉强参加登山活动，身体的运动就会加重下肢血液循环的障碍，典型的症状就是间歇性跛行，更甚者则会出现病理性骨折。

三、痛风

痛风患者也不适合登山，尤其是痛风性关节炎患者。痛风的病理原因是嘌呤代谢障碍，尿酸在体内形成增多，从肾脏排出减少，从而形成高尿酸血症，尿酸盐结晶沉积在关节、肌腱及肾脏，引起组织损伤。痛风患者若勉强登山，很有可能会诱发急性关节炎，疼痛难忍，无法完成登山活动。

四、类风湿性关节炎和骨关节炎

类风湿性关节炎是一种慢性、炎性、系统性的自身免疫病，突出的病变在关节。如果关节有持续性和进行性的滑膜炎，病情严重时会造成软骨破坏和骨侵蚀，导致关节畸形。

骨关节炎是关节软骨退行性病变和骨质增生，表现为慢性关节疼痛、僵直畸形和功能障碍。

在山间行进的同时，身体关节在不停地摩擦，患有慢性关节炎的人就会感到特别疼痛。尤其是下山时下肢要承受约3倍于体重的压力，患病关节是无法承受的。

除以上几种典型病症外，冠心病患者、慢性支气管炎患者、支气管哮喘患者，特别是花粉过敏、恐高症、慢性肾炎等患者也不适宜登山。若上述患者有强烈的登山需求，应该事先征求一下医生的意见，控制自己的运动量，以免发生意外。

第四节　热身准备

登山运动是极其耗氧的，若不能控制好运动强度，便容易使身体受伤，所以登山与下山前进行充分的热身是很有必要的。

登山与徒步活动前，都必须花5～15分钟做伸拉热身运动，这种锻炼方法较为科学且能保证身体健康。热身运动要注意节奏的变化，先是慢慢进行，然后逐步转快。这样能够先让肺部吸收氧气，增加肌肉血液循环，使心肺机能系统、脑垂体神经平衡系统等逐步适应，将身体调整至适合登山的运动状态。热身运动可以暖身，让身体各关节部位都能充分伸展。这样登山时的动作可以充分到位，避免意外受伤。

为了把时间、精力放在正确的地方，进行扎实体能训练的第一步，就是先明确自己的攀登目标。

举例来说，如果目标是攀岩或冰攀，便可以在室内攀岩训练场和邻近崖壁进行为期数周的训练。若想增进各种技能或攀爬较难的路线，便应该去上登山课程，进行加强上半身肌力的训练，或是练习瑜伽以增加身体的柔软度。

如果攀登目标是高峰攀登，那么就按部就班地进行为期半年的训练。训练内容要包含几次超过一天的冬季登山活动，以便了解自己如何拖曳装载行李的雪橇，也要进行一些间歇训练运动，使自己的心血管循环系统能在高海拔地区应付体能的大量消耗。

若想攀登偏远且被冰雪覆盖的火山山域，在进行体能训练时要特别加强双脚、下背部、肩膀等身体部位，训练活动应该涵盖背着重装在山上进行体能调适训练。

一、提高心血管循环耐力

心血管循环耐力是指身体长时间进行重复性活动的能力。这些活动需要心脏、肺脏与许多大肌肉群的配合。举例来说，跑步、骑自行车和游泳都是具有重复性的活动。

目前有许多训练方式可供选择，它们相当有效，而且可以让我们每天轻松地维持规律运动的习惯。刚开始进行心血管循环系统训练时，应先慢慢地培养自己进行有氧运动的耐力。可以逐步拉长每次训练的时间，直到一次可做满45分钟或更长时间为止。喜欢跑步的人每周最多只能增加10%的距离，以免重复性动作给身体带来伤害；喜欢游泳的人要增加一些特定的重量训练，让身体适应在开始负重时双腿所需承受的力量。

进行训练时，请尝试每隔一周就把自己的负重能力往上提升2～3千克，直到可背负自己体重的1/3重量为止，并让自己在穿着登山鞋于平缓地形处行进时的速度可轻松地达到365～450米/小时。而在开始任何远征活动前，要先确认自己最少会有4个月的持续训练时间。

二、进行有氧运动练习

有氧运动是需要耗费大量氧气的心血管循环系统训练活动。有氧运动通

常是在比身体最大负荷量低一层级的状况下进行的，也就是在自己心跳上限的
60%～85%。在进行有氧运动时，尽量选择性质和自己实际要参与的登山活动最
为接近的。以下所列举的是和登山活动最为相似的有氧运动。

（1）背着背包健行，或不背背包在山路上跑步：在自家附近的健行路线、小
山或楼梯步行，不但相当适合登山者，也是训练心血管循环系统的绝佳运动。不
背背包跑山路也是相当合适的选择。

（2）雪地健行、越野滑雪、越野滑雪式下坡滑雪：冬季在山径上进行这些活
动也是不错的训练方式。

（3）慢跑、爬楼梯、溜直排轮、骑自行车：这些是好天气时很适合在都市进
行的有氧运动。

（4）室内运动：当天气很糟但又想保持身体的有氧机能时，可试着在心肺交
叉机、踏步机、跑步机、上拉器、健身脚踏车等器械上做运动，或是去上有氧舞
蹈或阶梯有氧课程。

三、进行无氧运动练习——间歇训练

无氧运动是几乎会耗尽身体所有体能的心血管循环系统训练活动。无氧运动
的运动量会达到甚至超过一般的心跳上限。在进行无氧运动训练时，身体消耗的
氧气会多于所吸入的氧气，因而导致体内呈现缺氧状态。大多数人在体内缺氧的
状态下仅能进行一分钟甚至更短时间的运动。

对挑战高海拔山区的登山者而言，不断重复地爬上爬下是相当有效的间歇
训练运动，如找个陡坡或几层楼梯，试着在2～3分钟内爬完，一星期做一次
即可。做的时候，试着背些东西，并可利用走到训练地点的路上进行热身。训
练时，以最快速度冲至最高点，抵达最高点后，立刻转身向下，再冲回出发点，
并在预定时间内重复上述动作。刚开始练习时不要背太重，一次做20分钟就够
了；等身体适应后，再循序增加速度与负重，如此才能在体能增加时也让身体
处于心跳较快的状态。这种训练能帮助自己适应心跳极快的状况，延长身体的
无氧运动时间，而在攀登较高海拔山区时经常要面对的一种挑战，正是长时间
的无氧运动。

我们也可利用在平地上跑步、骑自行车爬坡或在使用各种训练机时增加力道
的方式来进行间歇训练运动。在两次高强度的无氧运动中间，要给自己足够的休
息时间，以便身体恢复到平常状态。

四、增加肌力

登山中大大小小的事情都得依靠身体的力量才能达成，例如控制与平衡背后沉重的负重，把身体、背包与整个队伍快速地推上山去，建立营地，或者是协助救援遭遇山难的登山者。相对于使用重量训练机训练，"自然负重"的训练可以直接让我们在三度空间的野外活动中运用肌力，如在崎岖的路面或是容易失去平衡、挑战性高的山径上健行。

攀岩者或攀冰者多会练习引体上升、三头肌下压、负重举踵、悬垂举腿、握力训练等动作，从而增强攀爬难度较高路线的能力。而对臂肌和背肌进行一些与攀登时施力方向相反的运动也是很好的练习方式，如举重、伏地挺身、反握弯举、坐式上拉训练等。这些运动可平衡肌肉施力，避免某群肌肉因过度使用而受伤。

攀冰爱好者要多增加些如半蹲、硬举、弓箭步、阶梯运动等训练下半身的运动，以及一些下背部与腹部的运动，也可多增加一些上半身肌肉运动，如扭肩、直立上拉。

从背上背包到铲雪，上半身的肌力几乎有助于登山中的所有活动。我们可以试试下列几种具有创意且不用去健身房就能训练上半身肌力的小诀窍：①在周末健行和平常工作日中的体能调适训练中，可试着在背包里带些装满水的水壶，并在抵达目的地时把水倒掉。这种训练可以增加上山时的负重能力，而且不会使我们在下山时因为背包过重而让膝盖承受过多压力。②不要开车购物，用走路的方式购物，并把买来的东西放在背包里背回来。③在家里边背东西边做半蹲、弓箭步、负重举踵、硬举、阶梯运动等。可以在自己房间门口装根单杠，在每次经过时就练习拉几下。如果拉不起来，可以退而求其次，如利用把身体悬在单杠上的方式来训练握力，或是抓住单杠用力往上跳，跳到下巴超过单杠的高度后，再慢慢地让身体落回地上。以上两种方法都可以增加背部、前臂、手指和二头肌的肌力。④如果平常活动地点周围有儿童游戏设施，可以去练练能增加握力、指力和前臂肌力的泰山摆荡式连续横杠。

第五节　登山技巧

登山不是一味地用力向上攀爬或快步行走，而是讲究技巧的。若不掌握正确的登山方法与原则，会很容易疲劳，让整个登山过程变得漫长而煎熬，且容易造成身体负担，导致意外受伤。登山有以下几点技巧需要认真学习。

（1）登山时，需要尽量用脚后跟吃劲，让身体重心落于脚后跟，这样可以让大、小腿和腰同时分担身体的重量。以前脚掌为重心爬山容易疲劳，而重心落于脚后跟可省 1/3 左右的力气。另外需要用脚后跟踏住坡路上的突出石块、石埂等。在坡路平滑地带，尽量全脚掌着地。登山时每一次迈步，尽量将支撑腿伸直，这样腿关节有上提的动势，可以将承重分散一部分给腰肌，等于每走一步都有 0.3 秒的单腿休息时间。

（2）当山坡的倾斜程度可以借助双手攀爬时，尽量让手参与进来，这样可以减轻双腿的负重。从四肢动物比人更善于爬山的事实可以看出，四肢运动能够平均分配力量，效率更高。所以只要是坡度超过 45°，手脚并用是最为省力且有效的登山方式。

（3）爬坡时脚部可略呈外"八"字行进，以这种姿势迈步更容易让脚后跟承重，同时减小了脚面与小腿的角度，肌腱会舒服些。

（4）爬坡时将手掌压在大腿下部可以助力。这种方式有 3 个好处：手臂和腿部可形成一个力矩，将手臂上的力传导至腿部；手掌的压力可让大腿的肌肉更加紧凑，更易于发力；当一腿提起迈步时，另一手压腿，像按在坚实的物体上以便借力。

（5）爬坡时可大口喘气，尽量多吸气以增强呼吸循环，这样做的目的是加强肺和心脏的功能，调动全身肌肉中的细胞，使其运动得更加充分。最好采用深腹式呼吸，再加上山间空气纯净，可更好地进行肺内空气循环。冷天要以舌头抵住上腭，避免呛冷风。

（6）爬坡时借助登山杖会更为省力，现在一般登山者会携带两根登山杖，双手撑住登山杖，让登山杖像腿一样吃力。这就如同四肢动物登山的原理，将身体重量分担给 4 个着力点，登山就更为省力。

第六节　下山技巧

对于登山者来说，下山是必须要经历的步骤。同登山动作一样，下山动作也有技巧可遵循。下山时膝盖负重较大，若不能按照正确的方法以较快的速度下山，膝盖将受到自身体重的 5～8 倍的冲击力，对膝盖是有百害而无一利的。所以认真学习下山技巧，好好保护膝盖是非常重要的。足尖不要总是指向前进方向，最好向左右交替伸出前行。利用反坡造成足尖向上倾斜着地。下山的路上反坡很多，要注意观察。

第七节　登山运动后的适应恢复

完成一次登山行动下山后，最主要的身体反应就是延迟性肌肉酸痛。除休息外，还要进行一些科学的恢复活动，寻求身体的良性循环，将消耗和恢复结合起来，做好爬山后的恢复。

爬山后，首先要消除肌肉、骨骼的紧张以及爬山的其他负面影响，可通过泡脚、洗浴、热敷或冷敷膝盖来实现。下山后稍做营养补充，重点补充蛋白质、维生素。例如，吃一些鱼、菇类、蔬菜或是碳水化合物。再就是做按摩，实现优质睡眠。

爬山后第3天，大多数登山者身体都会恢复到爬山前的状况，而体质较好的人1天就恢复了。若没有恢复，可审视一下自己的登山经历，看登山过程中有哪些做得不好，哪些超出了身体承受范围。这期间恢复的重点是坚持恢复性的锻炼，坚持做下蹲运动和走路训练；继续补充营养，原则是全面、均衡。

如果坚持这样做恢复训练，到了第4～6天，身体状态应该会比登山前更好。但不要松懈，依然要坚持锻炼与补充营养，直到下次登山，让身体形成一个良性的循环。

一、柔软度训练

在完成费力的攀登和健行后，花几分钟拉拉筋，再爬入睡袋或在回家的路上舒服地瘫在车里。拉筋可以避免或减少未来几天的肌肉酸痛。平常在家时可以练练武术、瑜伽，或是去上舞蹈课，来增强身体的平衡感和柔软度，让身体从这些交叉训练中受益。

攀岩者或攀冰者可以利用拉筋练习增加臀部或肩膀的活动幅度，这可以让攀登者在进行撑身向上或大型攀登时用到以前身体无法够到的把手点或踏脚点。拉筋也能放松手指和前臂，让身体在挑战过确保点后恢复原有的肌力。

攀冰爱好者可以通过拉筋使在上攀过程中抽筋的小腿得到休息，或让因背负重物而紧缩的臀部放松。在冰河健行时要特别注意容易让紧缩的腿部或肩膀肌肉放松，像四头肌、臀肌、腿部肌腱，以及小腿、下背部与上背部的肌肉。

二、复原与预防受伤

运动量越大，适当的休息也就越重要。休息包括在家里休息以及睡个好觉。在山上进行费力的野外活动后，要让身体好好地休息几天，给予身体足够的时间，让各种机能恢复至平常状态，避免身体过度使用而受到伤害。安排体能调适计划时，每两次需要大量肌力或高难度的攀岩或攀冰训练至少要有48小时的间隔。48小时的间隔能让肌肉、肌腱和韧带得到充分的复原。当体能负担增加时，肌腱与韧带会比肌肉需要更多的时间来适应体力的额外支出。所以一旦肌腱与韧带受伤，需要很长一段时间才能治愈。

要避免受伤，就得随时随地留意自己的身体状况。如果在热身期间就察觉到身体还处在上次训练或攀登所带来的疲惫与疼痛中，就减小这次训练的强度，或是让身体休息几天后再开始训练。如果在爬完一次难度很高的攀岩路线后的几天内，手指与手肘的肌腱一碰就痛，那么就降低接下来训练的难度，或是花一个星期的时间来好好休息。虽然对大部分登山者来说，待在家里休息而不去做最爱的登山活动，是件非常困难的事情，但让身体在下次活动前获得充分复原，显然是比较好的做法。不然，对身体状况的一时疏忽，可能会带来十分严重的伤害。那样就得花更多的时间治疗，也就会有更长的一段时间无法从事登山活动了。

课后习题：

1. 登山过程中的注意事项有哪些？
2. 制订一个合理的登山应急方案？
3. 请列举不适合登山的人群。
4. 登山前后的准备工作都有哪些？
5. 请描述登山的技巧。

第五章 户外常见风险的防范与处理

学习目标

1.户外常见事故类型
2.户外常见风险的应对策略
3.高、低海拔攀登常见风险与处理

第一节 户外常见运动类型及事故类型分析

一、户外常见的运动类型

（一）定向运动

1.定向运动的起源

定向运动最早只是一项军事活动，起源于北欧的瑞典。19世纪末20世纪初，欧洲北部斯堪的纳维亚半岛广阔而崎岖的土地上覆盖着一望无际的森林，无数的湖泊、村庄、城镇稀疏散落。人们的交通主要依靠那些隐现在村中、湖畔的弯弯曲曲的小路。在这样的地理环境中生活，理所当然地要比别的地方更需要地图和指北针。否则，要想穿越茫茫林海、湖泊是十分困难的。正因为如此，那些经常在山林中行动的人们（主要是军队）便成了开展定向运动的先驱。他们深知，如果不具备在山林地区辨别方向、选择道路越野行进和野外求生的能力，就不能完成保卫国家的重任。

最初的定向运动只是一项军事活动，军人把在山地中辨别方向和选择道路作为军事训练的内容。后来，在瑞典和挪威的军营中，军人利用军事地图先后进行较早的定向运动比赛。

定向运动从军营走向社会始于20世纪初，瑞典一位童子军领袖组织了一次"寻宝游戏"的活动，引起了参加者极大的兴趣，这便是定向运动的雏形。"定向运动"中的"定向"二字在1896年首次使用，意思是在地图和指北针的帮助下，越过不被人所知的地带。真正的定向比赛于 1895 年在瑞典的斯德哥尔摩和挪威的奥斯路军营举行。1919 年，一次影响深远的定向比赛在斯德哥尔摩的丛林中举行，参赛人数达 217 人。这标志着定向运动作为一项独立的体育项目诞生了。时任瑞典斯德哥尔摩体育联合会主席吉兰特被人们尊作"定向运动之父"。

2. 定向运动的发展

20 世纪 30 年代，定向运动已经在瑞典、挪威、芬兰和丹麦等国家有了较好发展。1932 年，第一次世界定向运动锦标赛举行了。

1943 年，定向运动传到英国。1946 年，美国童子军引进了定向运动。随后的20 年间，加拿大、澳大利亚、法国、德国等都相继引进了这一运动项目。从此，定向运动在西方国家得到了蓬勃发展。

1961 年，国际定向运动联合会在丹麦首都哥本哈根成立，在成立会上确定了正式的比赛项目，制定了一系列的比赛规则与技术要求。国际定向运动联合会的成立，标志着定向运动进入了崭新的发展时期。现在，国际定向运动联合会正在为争取将定向运动纳入奥运会的正式比赛项目而努力。

现在，每两年一次的世界定向锦标赛越来越成熟，影响也越来越大。国际军体理事会已将定向运动列为正式比赛项目。定向比赛也是国际大学生体育联合会的一个正式比赛项目。

在中国，最早引进定向运动的地区是香港。1979 年 3 月，香港的定向运动爱好者在各界人士的支持下成立了香港野外定向会。

在中国内地，定向运动按国际标准正式作为一项体育活动和比赛项目而开展是在 1983 年。在此之前，20 世纪 70 年代末，中国内地的体育报刊上刊登了一些介绍国际定向运动的文章。定向运动具有的重要锻炼价值和实用意义逐渐引起了国内体坛和军事部门的注意，中国人民解放军把定向运动列为军队常规训练科目之一。1983 年 3 月 10 日，解放军体育学院首次在广州白云山组织了一次定向越野实验比赛。此后，其他一些军事院校也相继举办了定向比赛，受到了营员们的欢迎，这也激发了大家对定向运动的极大兴趣。

2004 年 11 月，经国家民政部和国家体育总局批准，中国定向运动协会在北京成立，这标志着定向运动在中国的发展进入了一个成熟阶段。

3. 定向运动的概念

定向运动是指运动员借助定向地图和指北针，按组织者规定的顺序和方式，自我选择行进路线并到访地图上所标示的地面检查点，以通过全程检查点用时较短者或在规定时间找到检查点得分较多者为胜的一项体育运动。定向运动的参赛者可以是个人，也可以是由两人或两人以上组成的团队。

定向运动通常在野外森林中进行，也可以在城市的近郊、公园或较大的校园等各种地形进行。比赛的成败全在于个人的识图用图、野外定向和奔跑能力的强弱，因此适于各种年龄、性别的人参加。为了增加比赛的乐趣，也可以在判定比赛成绩的方法上有所区别。

定向运动是智力与体力相结合的体育运动项目，在强健体魄的同时，也培养人独立思考、克服困难，以及在遇到意外的情况下迅速做出决定、果断采取行动的能力。

4.定向运动的形式

标准的定向路线包括一个起点（用三角表示）、一个终点（用双圆圈表示）和一系列点标（用单圆圈表示），其中点标在地图上用阿拉伯数字标明。

在实际地形中，一个橘黄色和白色相间的点标旗代表运动员应该找到的点的位置，称为检查点。每个检查点上都有一个或多个带有唯一编码的打卡器，为参赛者提供到访记录。参赛者手持检查卡，由起点开始，按顺序到访比赛路线上的每个检查点，并在检查卡上留下打卡器的编码，直到抵达终点完成比赛。

定向比赛中，点标与点标之间的路线并不指定或固定，要求参赛者选择一条最适合自己的由一个点到下一个点的路线。相邻两个检查点间的距离以直线为最短，但实际情况中，沿直线前进往往不是最佳选择。沿直线前进，你可能遇到不可翻越的障碍，也可能在没有明显特征的密林中不断地拐弯绕道而迷失方向，还可能因不得不翻越陡峭的山地而过早地耗尽自己的体能，浪费宝贵的时间。

在整个参赛过程中，必须不断集中注意力，在控制好身体运动状态的同时，标定地图，通过地图了解实际地形的通视度和易跑性，找出导航特征，运用多种定向技术在地图上找出两个检查点之间各种可能的路线，结合实际地形、个人综合能力和经验迅速地进行分析判断，果断地确定最适合自己的行进路线，然后运用各种定向技术确保自己沿着选定的路线前进。这种迅速果断的路线选择能力，以及借助地图和指北针导航以最快速度按顺序到达目的地的能力就是定向运动的精髓所在。

5.定向运动的分类

按照运动模式，国际定向运动联合会将定向运动项目分为徒步定向、山地自行车定向、轮椅定向和滑雪定向等。其中徒步定向又被称为定向越野。

（1）定向越野。定向越野是各种定向运动比赛中组织方法比较简便、开展最为广泛的一种。由于其比赛的成败全在于个人的识图、用图、野外定向和奔跑能力的强弱，所以适合各个年龄段、不同性别的人参加。定向越野的形式和比赛方式多种多样：按场地的不同，可以分为野外定向、公园定向、院落定向、军营定向等；按活动时间的不同，可分为白天定向、夜间定向、多日定向等；按比赛距离的不同，可以分为短距离定向、标准距离定向、长距离定向等；按运动水平分级，可以设初级组赛、高级组赛、精英组赛；按评定名次方法的不同，可以分为计时赛和计分赛。

（2）山地车定向。山地车定向是集定向运动和山地车运动于一身的体育运动。在这项运动中，最重要的定向技巧是路径选择和记图。对于顶级运动员来讲，高超的山地车技巧是应付陡坡的必备条件，出于环保考虑，运动员不能离开规定的线路。山地车定向是国际定向运动联合会承认的最年轻的专业项目，从 2002 年起，每隔两年举行一次世界锦标赛。

（3）轮椅定向。轮椅定向原来是专为伤残人士特别设计的定向运动形式。它既可以让乘坐轮椅的伤残人士加入定向运动的行列，又可以供新手进行定向基本技术的训练。轮椅定向同样也是一种能让所有参与者产生兴趣的专项技能比赛。首届轮椅定向世界杯赛于 1999 年举行。

（4）滑雪定向。滑雪定向也是国际定向运动联合会的正式比赛项目之一，目前在东欧国家十分流行，许多世界高山运动员、越野运动员和滑雪选手同时又是滑雪定向的高手。可以按个人、团体或接力比赛等形式进行。

（5）夜间定向。夜间定向是定向运动的一种高难度的比赛形式。由于是在视度不良的夜间进行，不仅增加了比赛的难度，同时增加了对观众和选手的吸引力。

夜间定向已被列入国际定向运动联合会的正式比赛项目。第一届世界夜间定向锦标赛于 1986 年 10 月 27 日到 28 日在匈牙利举行。

（6）接力定向。接力定向是团体之间的定向越野比赛项目之一，其成绩好坏有赖于每个队员个人能力的发挥。在接力比赛中，比赛的路线分成若干段（国际比赛通常为 4 段），每名选手完成其中的一段，各段参赛选手的成绩相加为该队团体总成绩。为便于观众欣赏各选手之间的激烈竞争。接力定向的场地必须设置一个中心站，各段选手的交接（即"换段"）均在中心站以触手的方式进行（不使用接力棒）。接力定向由于观赏性较好，被国际定向运动联合会纳入了正式比赛项目。

6. 定向运动的特点

（1）自然方面的特点。①运动性。定向运动顾名思义是一种运动，它与其他体育运动项目一样，是一种身体活动。科学的人体运动形式都具有特定的规律、规范和规则。②智能性。这是一项体能与智能相结合的运动。就智能而言，要有地理学、测绘学、军事地形学等相关知识以及运用这些知识的能力。③环境性。

这是在森林、山区、公园、风景名胜区等环境中进行的运动，这是它与在体育场馆中进行的各项运动的明显区别。④情趣性。定向运动的环境与比赛的方式、方法，充满情趣性和趣味性，可提高人们参与的主动性和积极性。

（2）社会方面的特点。①游戏性。从发展初期——瑞典童子军的"寻宝游戏"——开始，定向运动本身就是一种游戏，直至现在，各式各样的定向比赛仍然带有很大的游戏色彩。②竞技性。进行比赛就要讲规则、争名次、决胜负，其竞争的激烈程度是可想而知的。正是这种竞争的激烈性，刺激着人们对定向运动的向往和追求，并乐此不疲地投身到这项运动中。③群众性。这是一项群众性体育项目，男女老幼都可成为这项运动的参加者和爱好者。据国外有关报道，参加定向运动比赛年龄最小者仅8岁，最长者80岁。由此可见，定向运动是一项大众体育项目。④实用性。在瑞典，定向运动最早是军队的一种训练形式。在现代，定向运动不仅可以作为军事训练的一项内容，还可以作为学校体育教学的一项内容，也是现代社会的一项休闲旅游项目。

7.定向运动的器械装备

不同类型、不同等级的定向运动，其所需的物质条件也不一样。但地图、指北针、检查点点标、点签、检查点、号码布，是任何形式或级别的定向运动都不可缺少的物质条件。

（1）地图。地图是说明地球表面的事物和现象分布状况的平面图形。定向运动地图是一种按一定比例尺表示地貌、地物平面位置和高程的正射投影的平面地形图。专门的定向运动地图上的地貌、地物符号要求更准确精细，要用各种颜色和符号表示不同的地貌、地物，以及实际地形的可通行状况。

地图一般包括地图比例尺、地貌符号、地物符号、磁北方向线、地图颜色、地图图例注记六大要素。

定向地图的方位是上北下南、左西右东。图上绘有的若干条相等距离的、平行的、北端带有箭头的红色线条，就是磁北方向线。磁北线所指的方向是地图的北方。可以利用这条线确定地图的方位、标定地图、测量磁方位角、估算距离等。

在应用地图的过程中，往往需要从图上判断两点的相对位置。如果仅有两点间的水平距离，而没有方位关系，显然无法确定两点的相对位置。而要确定两点之间的方位关系则必须规定起始方向，然后求出两点间的连线与起始方向之间的夹角，以此确定两点的相对位置。这就需要用方位角来表示，它是从起始方向北端算起，顺时针转至目标方向线间的水平角，角值变化范围是0°～360°。起始方向为真子午线，其方位角称为真方位角；起始方向为磁子午线，其方位角则称为磁方位角。定向地图中都以磁北为起始方向，故所用的方位角均为磁方位角。

（2）指北针。指北针的主要作用是辨别方向、标定地图、确定站立点与目标点的方向等。定向运动中使用的指北针一般都以装有磁针的透明有机玻璃盒为主体，根据选手使用方式上的差异分为两类：基板式和拇指式。在有机玻璃盒内一般装有起稳定作用的特殊液体，能够增强磁针的稳定性，特别适宜在奔跑中使用。

指北针的使用方法：①用指北针给地图定向（标定地图）。将地图与指北针置于水平状态，前进方向箭头朝向地图上方，与地图上的磁北线平行。转动地图和指北针，使磁针北端对正磁北线。②用指北针确定目标点的方向。指北针与地图水平放置，使直尺边垂直于站立点至目标点的连线，前进方向箭头朝向目标方向。水平转动指北针与地图，身体也随之转动，直至指北针上的红色指针与地图上表示南北方向的磁北线都和北方平行。这时指北针上的方向箭头所指方向就是行进的正确方向。

使用指北针的注意事项：①尽量保持指北针水平放置。②指北针不要离铁、磁性物质太近。③不要将磁针的S端与N端混淆，以免造成误判。④使用前要检查磁针是否灵敏。其方法是用一个钢铁物体（如小刀）多次扰动磁针。若磁针每次都能摆动并迅速停止于同一处，则表明磁针灵敏；反之则表明磁针不灵敏，不能使用。⑤存放指北针的时候要注意存放的位置。不要放在充满电磁效应的地方，如音箱喇叭的上面，因为喇叭上方的电磁场很强。此外，在阳光下暴晒会减弱磁针的磁性，对指北针也是不利的。

（3）打卡器。打卡器是与检查点点标配合而起作用的，它给运动员提供一个到达位置的凭据，分为钳式打卡器和电子打卡计时器。钳式打卡器用弹性较佳的塑料材料制成，一端装有钢针，另一端装有橡胶垫。每个打卡器的钢针组合图案都不相同，运动员可在记录卡上打孔，也可直接将孔打在地图上的记录卡上。这种打卡器价格便宜，使用方便，适用于日常教学、训练及一些小型比赛。目前，在国内外的大型定向比赛中都采用先进的电子打卡器计时系统。电子打卡器计时系统不仅使运动员的打卡操作变得更加容易，组织者工作变得极为简单，也使比赛更公平公正。

（二）野外生存

1. 野外生存的起源与发展

人类的发展历程就是一部野外生存发展史。究竟人类起源于什么时候，这是考古学家和人类学家研究的课题。但是，有一点是可以肯定的：人类最开始一定是生活在野外的。他们没有工具，没有衣服，没有固定的食物，更不会有住所。我们的祖先就是靠不断强化的野外生存本领繁衍生息的，也因此才使人类有了今天的文明。

　　毫无疑问，人类的野外生存活动从人类起源就一直没有停止过。因此，从这一角度出发，我们根本不用来讨论野外生存活动的起源问题。我们祖先的原始生活方式就是一种标准的野外生存模式。他们生活在原始的自然环境里，茹毛饮血、营木为巢、钻木取火。

　　我们现在所开展的野外生存训练课程就有许多训练科目源于我们祖先早已用过的生存手段和求生方法。例如，从野生的动植物中选择食物，钻木取火，用草蓑、兽皮衣保暖，在野外宿营中利用山洞、雪屋、草帐，等等。

　　从某种意义上讲，我们现在的一些野外生存活动训练科目是对祖先生活方式的重演，是人类原始生活技能的一种回归。只是我们在许多方面利用了现代技术和现代工具罢了，如在太阳下用凸透镜取火、利用信号向飞机求救等。

　　探险活动促进了野外生存的发展。也许是为了财富，也许是为了寻求长生不老的仙药，也许是为了新的发现，探险活动从人类选择定居以来就没有停止过。的确，探险活动给人类带来了不少好处，新大陆的发现、科学问题的证实、矿藏的开采等许多重大事件都与探险活动有密切的关系。探险活动本身既充满了刺激、神秘，又危机四伏、困难重重。

　　在探险过程中，死亡随时都会降临到每个探险队员身上，每年死于探险活动的人不计其数。这些热衷于探险的人们并不是不怕死的敢死队，用他们自己的话说，都是"有备而来"。他们不仅具备坚强的意志、健壮的身体，还掌握了一套实用的野外生存技巧。这些人往往在探险之前就已经参加了各种专门的训练，其中野外生存技能是他们准备应付意外的看家本领。

　　战争对野外生存有促进作用。虽然战争给人类带来的灾难是巨大的，但从野外生存的角度看，战争的确促进了野外生存的发展。在战争中，敌对的双方经常处于内无粮草、外无援兵的境地。在许多情况下，谁能在野外环境里生存下来，谁就可能是最终的胜利者。在长期的战争环境下，士兵们发明了许多野外生存的技术和方法。现在的野外生存方法和工具中有许多是士兵发明的，如炭火消毒法、弹药取火法、猫耳洞庇护所、瑞士军刀、丛林刀、反曲刀、野营锹等。

　　2. 野外生存的概念

　　野外是与居住环境相对应的地域。野外不同于户外，更强调环境的原始性和自然性。因此，本书所涉及的"野外"这个概念，除了包括田野、旷野之外，更注重的还是指那些人迹较少的自然生态环境。

生存是维持生命的所有行为组合。从达尔文论述物种的"适者生存"到现在市场经济条件下的生存理论，都是对小到一个生命个体，大到一个企业乃至一个国家如何维持下去的诠释。在不同的环境状态下，生存有着不同的含义。在紧急关头、在极端恶劣的生态环境下，生存往往可以简单地理解为"活下去"。

我们可以把野外生存理解为在远离居民点的山区、丛林、荒漠、高原、孤岛等地形复杂的区域中，在没有外界提供生命所赖以维持的物质条件的情况下，个人或小集体靠自己的努力，在不太长的一段时间内，保存生命和维持健康的基本手段和方法。

总的来说，野外生存就是猎捕动物和采食野生植物充饥，就地取材，构筑简易的露营遮棚，判定方位、迷途的处置，野外危险的自救，等等，即吃、住、行、自救4项。

3. 野外生存的类型

野外生存可分为被动性和主动性两种。

被动性的野外生存是指外界的不可抗力或不可预测的意外所致，如自然灾害、迷路、交通工具的失事、战争等。这种情况不常见，但是也不能完全避免。积极主动参加野外生存训练，学习并掌握一些有关野外生存的知识和技能是很有必要的，应未雨绸缪，做好应付一些可能性的心理准备、知识准备和技术准备。

主动性的野外生存是指人们有计划、有准备地模拟某些场景或安排某些活动，让参加者经受考验和磨炼，战胜艰难险阻、战胜自我，安全完成预定计划的过程。主动的野外环境适应、生存本领训练以及自我潜能的开发正是人类适应环境变化、充分发挥主动性的一个良好手段。

4. 野外生存的器械装备

由于野外生活环境条件的特殊性，野外生存对个人装备也有一定的要求。野外生存的个人装备主要包括下列项目。

（1）背囊。背囊容量的大小与野外生存的天数有直接关系，一般不应小于50升。

（2）远足鞋。橡胶底加上防刺钢板、真皮鞋面和全棉鞋腰，防滑透气，能很好地保护脚部和踝骨。

（3）绳索。建筑工人使用的安全绳和锁扣是物美价廉的代用品。一般登山绳索长20米左右即可。

（4）电筒及荧光棒。野外生存用的电筒要求照射距离不小于50米，电池使用时间不小于5小时，电筒自身至少达到30米深防水，电筒配有备用灯泡。发光2

小时以上的荧光棒可以作为辅助光源在野外使用。

（5）指北针。去野外探险，建议还是使用专用指北针为好。其实指北针同相应地图配合使用时的作用最大，出发前应充分掌握指北针的使用方法。

（6）求生哨。在荒郊野外，遇险者如果采取喊"救命"的方式来引起救援人员注意的话，不到15分钟就会喊得声嘶力竭；而一个小小的塑料哨子，遇险者只要还有一口气，就能吹响。而且，在探查出路、寻找水源时，事先约定好哨声的间隔长短和不同组合，都是野外近距离联络最方便、简捷的方法。

（7）求生刀具。在野外进行砍柴生火、搭帐篷、制作路标、开挖排水沟等工作时用。

（8）手表。相对于一般的手表，野外生存用表除精确外，还应至少具有防水和夜光功能。

（9）通信工具。野外探险活动多在人烟稀少的地区，手机信号未必覆盖得到。小型对讲机具有体积小、重量轻、通话质量好的特点，是野外远足的首选。

（10）帐篷。在野外，帐篷的主要功能是防风、御寒、避免昆虫及小动物滋扰，保证使用者能够得到良好充分的睡眠，对保持使用者的体力起着至关重要的作用。

（11）睡袋及防潮垫。野外生存用的睡袋至少要达到防潮、保暖透气、质量轻、体积小的基本功能要求。

（12）生火工具。野外用的生火工具主要是火柴或打火机，经常使用的火柴分别为野外防风火柴和野外防水火柴。

（14）水壶。水对于野外生存者非常重要，推荐选择铝合金水壶，容量为1.5升，水壶下端配有一个铝合金的饭盒，大小刚好可以煮一袋方便面，十分实用。

（15）望远镜。置身野外，观察野生动植物、寻找水源、判定行动方向等都少不了望远镜。

（16）收音机。在野外，收音机可能是你了解新闻和天气等相关信息的唯一渠道。

（17）照相机。出行前应确认照相机或录像机电力充足，胶卷或录像带有备份。

（18）备用食品。备用食品是必不可少的。常见的压缩干粮由面粉、白砂糖、精炼油、葡萄糖粉、奶粉、精盐、人参皂苷等原料制成，净重250克，可提供5 248千焦的热量。

另外还有一些常备物品，如岩石锤、升降器、救生衣、蜡烛、塑料袋、铅笔、缝纫包、抗生素药片、高锰酸钾、创可贴、钢锯等。

【小贴士】

以下物品在野外生存时往往小材大用，一定要备齐。

（1）红霉素眼膏。红霉素眼膏是一种常用的抗菌药。它的"本职"是用于眼睛外部的感染症。在野外吃喝住行不适时，尤其是饮水不足时会上火，症状是在面部的某个部位，会有脓包"拔地而起"；当受伤后，伤口常常感染，红肿不愈；天气干燥会使外露的皮肤裂口；等等。这时都可以用红霉素眼膏涂抹患处，症状便会消失。

（2）缝衣针。在野外活动，免不了被刺扎到，疼痛难忍，不及时弄出来还可能发炎、化脓。如果你外出时带上一根缝衣针，就可剔除外侵物。切记，在挑刺时缝衣针的针尖要在火上烧一下，确保消毒卫生。另外，要挤压"刺眼"使其出血，这样才不会感染。涂上一点红霉素眼膏将会更加安全。

（3）伤湿祛痛膏。行走在野外，荆棘、酸枣树枝等难免把外裤挂破，如不及时补上，就会越破越大。这时可用伤湿祛痛膏将口子的里外面贴好，既方便又快捷，还不影响活动。等到野外活动结束之后，回到家中再"正规"修补。

（4）行李绳。去野外活动备上一根10米长、5毫米粗的尼龙行李绳，在关键时刻它会大显身手。

5. 野外生存的基本技能

（1）野外取水。要留意多种植物茂盛生长之处、郁郁葱葱的大片草地、许多动物拂晓或黄昏时分出来觅水、动物的足迹、岩石地带的泉水与渗出的流水。还可利用太阳能蒸馏器或植物蒸发袋取水。

在严重干旱或沙漠地区取水的步骤：① 挖个能被现有的布盖住的圆洞，深度即是圆洞的半径长，首先垂直挖洞壁，然后向中央倾斜。② 在洞的中央放置容器，若以塑胶袋代替容器，要将凹处埋进地面。③ 用布盖住整个洞，以石块固定住四周。在布的中央，也就是在容器上方的那一点放上小石子，使布的倾斜度在 $25°\sim40°$。再在布的边缘全部压上土，使洞成密闭状态。这样一来，土内所含的水分就会蒸发并附着在布的内侧，并成为水滴流向布的尖端，存入容器内。水分凝结成水滴，需 $1\sim2$ 小时。如果有长管子，就可不必破坏取水装置而喝到水；若没有管子，在取水后再做同样的装置即可。

取水后把水煮沸，利用水质净化药片（清水用1片，浑水用2片）或向水中滴适量的2%的碘溶液，静置30分钟以上即可饮用。

（2）寻找食物。可食用植物分布的广泛性并不意味着任何植物都能够食用，也有大量的有毒植物混杂其间，一旦食用这些有毒植物，轻者引起不良反应，重者将出现生命危险。因此对可食野生植物的识别是野外生存的重要技能。

鉴别植物是否有毒的常规方法可分为 4 个步骤：① 查看。一般情况下有毒植物呈现出特殊形态和色彩，或分泌有色的液体。② 嗅闻。如果有令人厌恶的苦杏仁或桃树皮气味，应稍稍挤榨一些汁液滴涂在前上臂，如感觉到不适即为有毒植物。③ 舔尝。触动唇部、触动口角、舌尖舔尝、舌根舔尝或咀嚼一小块植物，如有不适应尽快吐出。④ 吞咽。吞咽一小块植物，耐心等待 5 小时，期间不吃其他食物，如有不适，即为有毒植物。

菩提树。树干挺拔，高可达 26 米，常分布于潮湿林区。叶片大，呈心形，边缘有锯齿。黄花满溢清香，簇生。幼叶及尚未伸展的叶芽都可以生食，花可以用来泡茶。

普通夜樱草。分布于较为干旱的开阔原野。株型较高，多叶，有绒毛。叶片呈梭形，叶缘有皱。有时在红色花茎顶端长出大型黄色四瓣花。其根煮熟后可食用，煮食过程中应几次换水以冲淡刺激性气味。

蛇麻草。分布于灌木丛中的攀缘性植物，茎长而扭曲，叶缘有锯齿，呈三瓣。绿色钟形雌花。切成片煮沸可供食用，花可以用来泡茶。

马齿苋。生于田野路边及庭院废墟等向阳处。为一年生草本植物，高 10 ～ 30 厘米。全株光滑无毛，肉质多汁。茎卧生，阴面为绿色，阳面为红褐色。叶片肥厚，光滑柔软，马齿状，叶柄极短。国内各地均有分布。

6. 野外生存求救信号

在野外，生存环境非常恶劣，各种灾难会不期而至。对野外生存者来说，及时了解自己所面临的困境，通知别人，求得救援，是非常重要的。遇险求救时，要通过各种方式与别人取得联系，发出的信号要足以引起人们的注意。

（1）烟火信号。火光作为联络信号是非常有效的。燃放三堆火焰是国际通行的求救信号，将火堆摆成三角形，每堆之间的间隔相等最为理想，这样安排也方便点燃。如果燃料稀缺、自己伤势严重或者过度虚弱，凑不够三堆火焰，那么点燃一堆也行。为保证其可靠程度，白天可在火堆上放些苔藓、青嫩树枝等使之产生浓烟；晚上可放些干柴使火烧旺、火焰升高。

（2）地对空信号。在缺乏用来发信号的材料的环境里，可以通过染色，或制作各种标志、图形发出求救信号。

地面痕迹标志是一种重要的信号，可以在比较开阔的地面，如草地、海滩、雪原上制作地面标志。比如，用脚踩出或挖出图形信号、字母信号（如SOS），并沿着图形、字母边缘用土、石头或树叶围起来，这样会使字母、图形更加清晰。在雪地上，可以用雪将字母或图形堆起来，以引人注目。务必把图形或字母做得大一些，以便能从飞机上看到。推荐的尺寸是每个信号长10米、宽3米，每个信号间隔3米。

如果能踩出一条宽3.7米、直径22.8米的环形路，扰乱地形的自然状态，也可构成有效的信号。一片被踩平的草地或一片被烧焦的山野，也很容易引起注意。

（3）旗语信号。在木棒上系一面旗子或一块色泽艳丽的布料，持棒在左侧长划、右侧短划，加大动作的幅度，做8字形运动。如果双方距离较近，一个简单的划行动作就可以。

（4）声音信号。如离得较近，可大声呼喊，三声短、三声长，再三声短，间隔1分钟之后再重复。

（5）反光信号。利用阳光和反射镜即可射出信号光。任何明亮的材料都可加以利用，如罐头盒盖、玻璃、金属片，有面镜子当然更加理想。可规律性地射出长亮光和闪烁光，发送莫尔斯代码。即使你不懂莫尔斯代码，随意反射光，也可能引人注目。无论如何，至少应掌握SOS代码。

（三）登山运动

登山是朝着目标山峰一步一步地行进和攀登的过程。攀登高山的整个过程可分为行军、休息（短时）和露营（长时）三大部分。以下就行军和休息做简要介绍。

1. 行军

（1）行军原则。

必须了解山区的地理和气候状况。可避免迷失方向，节省体力，提高行进速度。

坚持"走梁不走沟，走纵不走横"。如果不得不越野，应尽量选择在高处行进，避免在低处行进。这是因为地势高，视野好，便于确定站立点和保持行进方向；高处通风、干燥，荆棘、杂草、虫害及其他危险少。

行军时要注意控制行进的节奏与速度。行走节奏以呼吸频率为准，步调与呼吸合拍。如果步调比呼吸快，就会使人感到难受，并且容易很快就疲劳。如果上气不接下气，就要放慢步速或稍微停留一下，以调整呼吸。无论下山还是上山，行进的速度要因人而异，太快或太慢都会造成疲劳。

大步走的原则。大步走可以节省很多体力。在行进过程中，登山者应脚掌着地，尽量不用脚蹬，腰要稍弯，上体稍前倾，身体重心要随着落地脚的支撑而左右摆动。切忌用脚尖行走，以防踢落滚石造成危险。

体力分配原则。在行军过程中，体力分配通常是登山时用 1/3，下山用 1/3，留下 1/3 余力，只有这样才能保持精力旺盛，持续行走时少发生意外事故。

行军组队原则。在行军时通常要采用一定的组队方式：走在最前面的是富有经验的领队，应准确地掌握步调和路线，按计划率领队伍前进；第二、三位置是组队行军时的最佳位置，应让给缺乏经验的、体力较弱或负荷较重的队员。领队应处在能掌握全队的位置。如果队伍人数较多，可编成 5 ～ 6 人一组的小队。小队的组编应以不影响到达目的地后的帐篷搭设、营地建设和炊事工作为原则。

（2）行军技术。步行法的好坏是很重要的。熟练的登山者有其独特的步行技术：保持身体平衡，步伐节奏适中，随时调节呼吸。

上山步行法。上山步行法与平地步行法没有太大的区别，但上山却比走平地耗费体力。因此，需考虑各种条件，如登山者本身的身体状况、登山时的气象条件、团体及个人能力与装备等。开始登高时，需特别注意的是步伐不要太快。不习惯走山路的人，正确的步行法是将脚适度抬起，尽量节省体力，再配合手臂的摆动及肩、腰的平衡，不急不慢地往上爬，并调整好自己的呼吸。上山可采用直线攀登法或"之"字形攀登法。

直线攀登法适用于攀登坡度在 30° 以下的山坡。上升时身体稍向前倾，全脚掌着地，两膝弯曲，两脚呈"八"字，迈步不要过大过快。

当攀登坡度大于 30° 的山坡时，可采用"之"字形攀登法以减少直线攀登时的难度和滑坠的危险。"之"字形攀登法是指按照"之"字形的路线左右斜越、盘旋而上的攀登方法。采用这种方法攀登时，腿微微弯曲，上体前倾，内侧脚脚尖向前，全脚掌着地（主要用脚外侧蹬地），外侧脚脚尖稍向外撇（主要用脚跟蹬地）。

在行进中如不小心滑倒，不要惊慌失措，要立即面向山坡，张开两臂，伸直两腿（足尖跷起），使身体的重心尽量上移，从而减缓滑行的速度。同时要设法在滑行时寻找攀缘物和支撑物以阻止下滑。

下山步行法。下山时消耗的能量较少，几乎和平地行走差不多。但是，下山时发生意外的情形却比上山时要多。行走时应随时注意前面道路的状况，做好脚步应踏在哪里的判断。切勿一味地向下冲，这样不仅容易滑倒，脚跟和膝关节也容易疼痛。下山时越是陡坡越要慢行。

山脉棱线步行法。一般所说的登山大多走的是山脉棱线，这是登山活动中最常见的。但山的棱线却有各种不同的形态。有不长一草一木的岩石构成的棱线，也有被茂密的原始森林覆盖的棱线。山的棱线大都有小径，如果没有，则说明这座山从未有人登过。

走棱线迷路时，一定要沉着冷静，尤其天晚雾浓时更应慎重行事。雾气越大越要沉着，仔细观察四周后再前进，以免走错路而消耗体力。

（3）穿林技术。登山者穿过丛林时，应特别注意两点：一是方向，二是联系。尤其是在穿越不熟悉的山林时，应带上指北针，最好请熟悉该地区的人做向导，还应携带简易的无线电通信设备，加强通信联络工作。另外，不要把登山队伍拉得太长、太涣散，以免和指挥中心失去联系。

个人在穿林和通过高草时，最好穿长衣长裤，这样可避免和减少草木枝杈刺伤或划破皮肤以及蚊虫叮咬。在通过藤蔓竹草交织的丛林时，要经常使用砍刀开路行进。对于草深而密的茅草丛地带，用刀开路的方法是"不过头，两边分，从中走；不见天，吹个洞，往里钻"。

（4）渡河技术。在登山过程中，还会遇到各种各样的河流，有的缓慢而过、清澈见底，有的则水深湍急。山间地形复杂，再加上天气变化无常，河水的流速和水位也变化不定。这就要求我们在涉水渡河时首先要对河流进行实地考察，了解河流的深浅、流速及河底的结构，之后再确定渡河的地点和方法。

山间河流通常水流湍急，水温低，河底坎坷不平，水性变化大。因此，遇上河流时不要鲁莽从事、草率入水，在仔细观察确定渡河的路线和方法后方可下水。渡河时，应尽量选择水流不太急和河水较浅、水流平缓、无暗流和漩涡的地方。过河时最好穿鞋，以免河底尖石划破脚，同时也可更好地保持平衡。

单人渡河法。单人渡河时，可用一根木棍（或帐篷杆、竹竿等）撑着河底渡河。木棍的支点（与两脚一起形成三个支点）要在水的上游一侧。两脚交替移动时，身体微向上游倾斜，依靠木棍的支点，两脚站稳后再移动木棍。出脚不要太快、太高，步伐不要太大，要固定两个支点后再移动另一个支点。如水流较急，可在腰间系上保护绳，另一人站在岸上保护，在水中摔倒或被水冲倒时可避免危险。

两人渡河法。两人面对面站立，双手相互搭在肩上，两人步调必须一致。

多人渡河法。如渡河人数很多时，则可采用3～5人组队的"墙式"渡河法。几个人站成一列横队，相互搭着肩膀面向对岸前进。还可采用"轮状"渡河法，即四五个人围成一个圆圈，相互搭着肩膀，朝着水流方向像车轮一样地转动。

2. 休息

休息是为了恢复体力，同时也可进行行装调整、喝水及进餐。为了确定攀登者所在的位置和辨认周围的地形，也可做短暂的停留。在休息时，应注意以下几点：

（1）休息时间的掌握。开始行进 20 ～ 30 分钟后，为了调整行装、整理鞋袜、增减衣物等可以进行第一次休息。以后每行进 50 ～ 60 分钟休息一次，每次休息 5 ～ 10 分钟。休息时要使身体充分放松。

（2）短暂的休息。登山途中的短暂休息，是为了调整呼吸、解除疲乏、恢复体力。只需手挂登山杖、弯曲上身，将上体重量移到登山杖上，便可使肩部和腰部得到暂时的放松。但一定注意要将登山杖挂稳了，不能打滑，否则便不安全。

（3）较长时间的休息。在行军途中有时要做较长时间的休息，以便较好地恢复体力。这时可先做做体操运动，以放松僵直的身体，然后再进行其他项目和进餐。为防止消化功能减退，进餐可分几次完成。在行军途中要注意补充一定的糖分。休息场所通常选择在景致好且安全的地方。垃圾要随时集中起来进行处理，防止污染环境。

【小贴士】

三位登山家对阿尔卑斯攀登的评价：

"在阿尔卑斯环境里面，有两种不同的危险。第一是路线的危险——天险。像落石、不良岩质、冰河裂隙、坠落的雪桥、冰雹、冰崖以及雪崩，以及坏天气如大风、大雾、大雷雨等。再者是攀登者个人的危险——人险，譬如他的能力以及他的判断力。对阿尔卑斯冬季来说，每人需要有严格的训练，除了在攀岩和攀冰上所做的训练之外，攀登者必须要进行长距离的肺活量训练。意思就是说一整天运动量最少在 6 ～ 8 小时左右……在上路线之前，最好先研究一下天气状况，尤其是最近的 24 ～ 48 小时。"

（四）攀岩运动

1. 攀岩运动的起源与发展

攀岩运动作为一项体育项目起源于 20 世纪 50 年代的欧洲，以攀登自然岩壁为主。1947 年，首届世界杯攀岩比赛举行，到 20 世纪 60 年代末攀岩运动得到迅速发展。这期间举行了各种形式的攀岩赛事，仍是以自然岩壁为主，因此受场地、天气、交通等因素的制约。直到 1985 年，法国人弗兰西斯·沙威格尼发明了可以自由装卸的仿自然岩壁的人工合成岩壁，主要由合成树脂、沙子、石头、玻璃纤维和其他原料混合制成岩壁和支点，实现了人们把自然中的岩壁搬到城区的梦想。

攀岩运动由于其特殊意义，在国外深受青少年朋友的喜爱，由此得到了快速的发展和普及。在美国，攀岩运动是所有学生和军人必修的训练课程，对很多喜爱攀岩运动的人来说，攀岩已经成了一种生活方式。

在中国，攀岩运动开展于 1987 年。在国际登山运动发展的大趋势下，中国登山协会派出 8 名教练员、运动员到日本长野系统学习了攀岩技术，此后攀岩运动在中国逐步发展起来。虽比欧洲晚了将近 30 年，但中国的悬崖峭壁较多，很适合开展攀岩活动，现在攀岩运动已经在全国范围内得到了大规模推广和发展。攀岩运动群众基础比较雄厚，参与的人数越来越多，范围越来越广，年龄也不仅局限于青少年学生，前景十分可喜。

1987 年，在北京怀柔大水裕水库自然岩壁举行了第一场全国攀岩大赛。1990 年在怀柔登山训练基地举行了第一次全国人工岩壁比赛。1993 年，在长春举行了第一届全国攀岩锦标赛，以后每年举行一次。1995 年，国家体育总局将攀岩比赛列为正式比赛项目。1993 年、1999 年，中国承办了两届亚洲攀岩锦标赛；2000 年，承办了第二届亚洲青年攀岩锦标赛；2001 年，承办了首届亚洲杯攀岩比赛。这些成功的大型赛事促进了中国攀岩运动的发展，同时也提高了中国攀岩运动在亚洲和世界的地位。随着全民健身运动的开展，近两年来，中国的攀岩运动与普通登山活动相结合，在群众中也得到了广泛开展。

2.攀岩运动的概念

攀岩运动是攀登者借助于技术装备和同伴的保护，在不同的高度和角度的岩壁上，在有限的时间内选择自己认为最佳、最合理的线路，并准确地完成转体、腾挪、蹿跳、引体等惊险的技术动作，依靠自身顽强的意志、体力和思维能力，直至完成整条路线的攀登。攀岩运动是一项集智力、体力于一身的心智型体育运动。

根据自己的能力选择线路攀登是极为独特而令人兴奋刺激的经历，每一次感受都不相同。攀岩运动对攀登能力和技术动作方面要求很高，但它不仅是一项富有冒险精神的专业运动员的体育项目，任何喜爱户外运动的人都可以去感受它的魅力。它的技巧较易掌握，是大多数青少年朋友喜爱的极限运动之一。

3.攀岩运动的基本原则

以下原则适用于各种方式的攀岩。

（1）手脚协调统一，平稳地移动。

（2）平衡性、灵活性、柔韧性比使蛮劲更有用。

（3）保持身体重心平衡。

（4）耐力比肌肉能力更重要。

（5）保持能量，将支力作用在脚上而不是靠手臂的支撑去实现攀登。

（6）合理运用耐力，减少不必要的能量消耗。

（7）放松是重要的。

4.攀岩的分类

从不同角度可以将攀岩运动分成不同的类型。

（1）按使用器械方式分为以下类型：

竞技攀岩：在非常安全的路线上进行攀登，可借助于器械。

自由攀岩：器械仅用于保护，利用自己的手脚进行攀登。

器械攀岩：借助于各种攀岩器械进行攀登。

徒手攀岩：不借助任何攀岩器械进行攀登。

（2）按保护的方式分为以下类型：

先锋攀岩：从岩壁底端开始，一边攀登一边把保护绳挂入保护点。

顶绳攀岩：保护绳从上端已经挂好，只有上方一个保护点。

（3）按运动场地分为以下类型：

人工场地攀岩：在人工攀岩墙进行攀登。

自然场地攀岩：在野外大自然中岩石上进行攀登。

（4）按攀岩比赛的组织形式分为以下类型：

个人单攀岩：又分男子单人和女子单人攀登。

双人攀岩：2人一组进行攀登，路线由裁判员指定。与单人攀登赛不同的是，除比赛攀登技术和速度外，还要比赛互相保护的技术。

自选路线攀岩：运动员自己选择登上岩壁顶部和下降的路线。这种比赛不仅比攀登技术和攀登速度，同时还比路线选择的好坏。

集体攀岩：这种比赛与正规登山活动一样，参加者事先编好小队（4～6人），背负全套登山装备（睡袋、帐篷、炊具、保护器材、绳索、冰镐等），通过事先指定的路线，按指定地点搭设和拆除帐篷，途中交替保护。其比赛内容包括攀登技术、小队战术、保护技术、通过全部路线的时间等。这个项目也可进行小队自选路线攀登。

5.攀岩运动的器械装备

攀岩的装备主要有两种用途：一种是用来保证此项运动的安全，另一种则是为了让攀登者的表现更出色。前者包括主绳、安全带、铁锁、快挂、保护器、扁带、岩石塞、岩钉、膨胀钉、挂片、冲击钻、抱石垫、头盔等；后者较简洁，主要有攀岩鞋、镁粉袋等。

（1）主绳。冲坠是攀岩过程中最直接的危险来源，主绳是解决这一危险最主要的手段。主绳为攀登者与保护者之间建立起一种可靠的远程连接，或为操作者提供安全的平衡过渡。它的主要作用是当攀登者无论因何种原因坠落时，都能保护好攀登者。

（2）安全带。穿在攀登者身上，承载因攀登者脱落或下降而产生的重量和冲力。安全带的腰带为受力部分，腿带等则为了舒适、便利而设计。选择安全带应考虑个人体形或体重，选用相配的型号。因为安全带样式不同，安全带的系配方法也相应地有所不同。为了安全起见，使用安全带之前应认真阅读使用说明书，按照说明书的方法去做。系好后检查两遍方可开始运动，如有问题立即告诉同伴。

（3）8字环。8字环一般用来做下降式保护，但是制动力稍差，所以有些人不建议用它来保护先锋攀登者。如果要增加其制动力，应该将绳索穿过8字环中较小的那个环，然后再连接绳索至保险铁锁。

（4）自锁保护器。

自锁保护器是保护器中的首选，其工作方式类似于套绳器，由旋转凸轮卡住绳子，使用非常方便。自锁保护器是自动工作的：将绳子猛拉一下，它就会卡在凸轮中间而不会滑动。该保护器最主要的优点是可以不费力地保护攀登者，即使是被保护的队员发生意外而又不被注意时，它也能立即发挥作用。

（5）铁锁。铁锁是用来连接各种攀岩安全带的扣环或在保护系统中进行刚性连接用的。没有了铁锁，安全带、绳子、保护器、8字环、快挂、挂片和保护装置等装备将不能很好地被使用。

（6）扁带。扁带是软性带状物，通过机械缝合或手工打结成为长度不一的闭合圈，提供保护器械之间的软性连接。

（7）快挂。扁带的两端分别连接一个铁锁成为快挂，使用时一端扣入保护点，一端连接人体安全带或主绳，操作便利。快挂两端的铁锁都不带丝扣，存在不慎打开或受力压开的危险，所以只有一个快挂时，不能作为固定保护点使用。

（8）攀岩鞋。鞋底采用特殊的橡胶，摩擦力大大增加。从普通鞋到攀岩鞋是提高攀登水平的重要变革。

（9）镁粉及粉袋。镁粉的使用主要是在室内攀岩，其成分是碳酸镁（$MgCO_3$）粉末，以防手出汗时出现手滑现象，或吸收岩壁表面的水分，以增大摩擦力。为了方便使用，镁粉一般存放在粉袋里，粉袋系在安全带上，在攀登难度大的岩壁或路线时极有用。

（10）挂片。随着竞技攀岩的迅速流行，出现了大量新式螺栓挂片，从初级的、手工制作的到光滑而结实的专用挂片都有。任何一种专用挂片都应适合某种特殊需要。铝制的挂片，在反复承受大力下降时需要特别留意，因为这种柔软材料很容易弯曲和劳损。经常使用者应该注意挂片上是否有裂痕或变形。钛或不锈钢是制作挂片的最佳材料。

（11）上升器。上升器用于在单绳技术中解决向上运动的问题，分左右手握两种方式，适用于不同用手习惯的攀登者。

（12）抱石垫。抱石垫是抱石运动中的保护工具，提供缓冲和减震作用。抱石垫内部是两层或多层不同质地的海绵。最上面是硬体封闭式海绵，最下面是较厚的软体开放式海绵。软体海绵使脱落者下陷而不是分散压力，易挫伤手腕、脚踝，所以抱石垫要硬体海绵层向上放置。

6. 攀岩技术

（1）人工岩壁上的攀岩技术。

人工岩壁的攀岩手法。攀登中用手的根本目的是使身体向上运动和贴近岩壁。岩壁上的支点形状很多，常见的有几十种。攀登者对这些支点的形状要熟悉，知道对不同支点应抓握何处，如何使力。

根据支点上突出或凹陷的位置和方向，有抠、捏、握、拉、攥、推等方法。但也不要拘泥，同一支点可以有多种抓握方法。比如，有种支点是一个圆疙瘩上面有个小平台，一般情况是把手指搭在上面垂直下拉，但为了使身体贴近岩壁，完全可以用手指捏住。又如，有时需要两只手抓住同一个支点，前手可先放弃最好抓握处，让给后手，避免换手的麻烦。抓握支点时，尤其是水平用力时，手臂位置要低，靠向下的拉力加大水平摩擦力。要充分使用拇指的力量，尽量把拇指搭在支点上。对于常见的水平浅槽的支点，可把拇指扭过来，把指肚一侧扣进手槽，或横搭在食指和中指的指背上，都可增加很大的力量。

在攀岩较长路线时，可选择容易地段两只手轮换休息。休息地段要选择没有仰角或仰角较小，且手上有较大支点处。休息时双脚踩稳支点，手臂拉直（手臂弯曲时很难得到休息），上体后仰，但腰部一定要向前顶出，使下身贴近岩壁，把身体重心压到脚上，以减小手臂负担。攀登前要活动手指，并擦些镁粉，以免打滑。

人工岩壁的攀岩脚法。腿的负重力和爆发力都很大，而且耐力强，攀登中要充分利用腿和脚的力量。攀岩一般都穿特制的攀岩鞋，脚踩在宽度不到1厘米的支点上就可以稳固地支撑全身的重量。

一只脚能接触支点的只有4处：鞋正前尖、鞋尖内侧边（拇趾）、鞋尖外侧边（四个脚趾的指尖）和鞋后跟尖（主要是翻屋檐时用来挂脚）。只能踩进一指左右的宽度，不能太多。比如，把整个脚掌放上去，为的是使脚在承力的情况下能够左右旋转运动，进行换脚、转体等动作。

换脚是一项基本的技术动作，攀登中经常使用。常见到一些初学者换脚时前脚使劲一蹬，跃起，后脚准确地落在前脚原来的支点上，看起来十分利落，但实际上是错的。因为这样一方面使手指吃劲较大，另一方面会造成身体失衡，最重要的是在支点较高时无法用这种方法换脚。

正确的方法是保持平稳，不增加手上的负担。以从右脚换到左脚为例，先把左脚提到右脚上方，右脚以脚在支点上最右侧为轴逆时针（向下看）转动，把支点左侧空出来，体重还在右脚上，左脚从上方切入、踩点，右脚趁势抽出，体重过渡到左脚。动作连贯起来，就像脚底抹了油一样，右脚从支点滑出，左脚同时滑入，体重一直由双脚负担，手只用来调节平衡。双脚在攀登过程中除了支撑体重外，还常用来维持身体平衡。脚并不是总要踩在支点上，有时需要把一条腿悬空伸出，来调节身体重心的位置，使体重稳定地传到另一只脚上。

（2）攀登岩壁的基本技巧。

拉：抓住前上方牢固支点，用力上拉引体向上。

撑：利用台阶、缝隙或其他地形，以手掌和小臂使身体向上或向左右移动。

推：利用侧面、下面的岩体或物体以手臂的力量使身体移动。

靠：利用能够容纳身体的裂缝，用背部靠住一侧岩面，用四肢顶住对面岩石，使身体上移。

胀：将手伸进缝隙里，弯曲手掌或握拳，以此抓住岩石的缝隙并移动身体。

蹬：用前脚掌内侧或脚趾的蹬力把身体支撑起来，以减轻上肢的负担。

跨：利用自身的柔韧性避开难点，以寻求有利的支撑点。

挂：用脚尖或脚跟挂住岩石，维持身体平衡，使身体移动。

踏：利用脚前部下踏较大的支点，减轻上肢的负担，移动身体。

身体姿势。攀登岩石峭壁时身体要放松，并要根据岩壁陡缓程度，使身体和岩壁保持一定距离。上拉、下蹬要同时用力，身体重心一定要落在脚上，保持面向岩壁、三点固定支撑、直立于岩壁上的攀登姿势。

脚的动作。①正踩、侧踩。在踩点时注意踩点的面积，并不是越大越好，而是尽可能寻找可发力部位。②脚后跟钩住。脚后跟钩的动作需要攀岩者具有良好的灵活性、柔韧性和胆量，且动作多种多样。③交换脚。要想有好的脚底功夫，基本步骤如下：在移动脚之前确定你所要的脚点。脚点的大小、方向和位置决定了它的实用性。如果有可能，脚点应低于手点，以减轻上体的紧张。把脚准确放在脚点的最佳位置，要把脚集中放在一点上。将重心平稳过渡到另一个脚点。当站立或移动时保持脚的绝对平稳，移动时以脚踩为中心，减少上身的运动。脚的移动可能会使脚滑出脚点，集中力量保持脚的平稳，移动重心至两支点之间。

手的用法。手握点的方法有紧握、开握、扣握、捏握、屈握、侧拉、反扣等。

【小贴士】

攀登岩壁前要做好准备工作，包括以下几方面。

（1）检查必需的装备器材是否已带足，保护设施是否正确，且必须相互检查。

（2）要观察清楚攀岩路线，注意可能遇到的难点，并想好克服难点的办法。

（3）攀登动作一定要保持"三点固定"，力戒蹿跳式攀登。

（4）攀登途中遇到浮石或松动的石块，一定不要乱扔，可放置在安全处或通知下面的同伴注意后再做处理。

（5）攀登者和保护者要密切配合，在没有必要的保护措施时，应拒绝攀岩。

（6）在攀岩中，切忌抓草或小树枝等做支点。有积雪或过于潮湿的岩壁不宜进行攀登。

（7）攀登者不能戴手套，但要戴安全头盔。

（8）攀登中要保持镇静。

（9）充分热身。在开始攀岩之前，热身是非常重要的，它是攀岩或训练前必做的项目，省略这个步骤很容易受伤，所以不容忽视。目前，对于热身到底该怎么做还有争议，建议应找到自己觉得最舒服的方法。热身后、攀登之前，还必须保持肌肉温度。

（五）漂流运动

1. 漂流的起源与发展

漂流曾是一种原始的涉水方式。漂流最初起源于因纽特人的皮船和中国的竹木筏，但那时候都是为了满足人们的生活和生存需要。漂流成为一项真正的户外运动，是在第二次世界大战之后。一些喜欢户外运动的人尝试把"退役"的充气橡皮艇作为漂流工具，而后逐渐演变成了今天的水上漂流运动。

驾着无动力的小舟，利用船桨掌握方向，在时而湍急、时而平缓的水流中顺流而下，在与大自然的抗争中演绎精彩的瞬间，这就是漂流——一项勇敢者的运动。在中国，漂流运动起步较晚，大多数的水上漂流运动仅停留在小范围地对自然河段的利用上，而真正开发出来的商业性河流资源还比较少。随着人们对户外运动项目的不断拓展和技术技能的不断提高，也许在不久的将来，漂流也能作为一项竞技性运动给人们带来更多的刺激和欢乐。

中国的漂流活动起源于长江探险漂流、雅鲁藏布江科考漂流等一系列探险活动。1986年，以姚茂书为代表的"长江第一漂"举世瞩目，产生了持久的漂流激情。1998年，雅鲁藏布江大拐弯地区的漂流加速了中国漂流运动的发展。2000年8月，在内蒙古海拉尔区举行了中国首届漂流大奖赛，进一步推动了中国漂流运动的发展。目前，中国已有经营性漂流场地200余所，各种群众性、自发性的漂流探险活动更是不计其数。随着在中国的开展和普及，漂流将会在不远的将来被越来越多的人所喜爱。

2.漂流的分类

漂流按目的大致可分为探索、发现类漂流和观光、旅游、娱乐类漂流两大类。

探索、发现类漂流包含人文、地理、气候等综合性科学考察，漂流沿途资源、风光、特殊地貌等的发现以及极限运动。而观光、旅游、娱乐类漂流是在前者的基础上进行论证，挑选出适宜的河段，以经营为目的的商业性漂流。

商业性漂流有惊险刺激的探险，也有娱乐消遣的水上旅行，目前其难度等级分为六级：

第一级：水流平缓的区域。

第二级：大部分水域水流平缓，伴随轻微波浪。浪高1米。

第三级：有频繁的波浪，但对较有经验的人来说仍易把握方向。浪高1.5～2米。

第四级：对有经验的人来说也较困难，有大的障碍物需要避开。浪高3米。

第五级：只适于有丰富经验的人，漂流者的生命会受到很难逾越的障碍物的威胁。浪高超过3米。

第六级：（现阶段）不可实现。

几乎所有漂流的目的都不是单一的，在不同的河段中，可以体验到不同的地貌、地域、文化等。比如，美国的科罗拉多大峡谷漂流，除了感受水上惊涛骇浪的刺激，还可以领略大峡谷独特的风光；秘鲁的可卡河峡谷没有一点绿色植物，但是可以感受在黄褐色的泥浆中漂流的刺激；智利南端的河流被青山绿水环绕，阳光普照，漂流其中是一种轻松的享受。

3.漂流运动的注意事项

（1）适宜漂流的时间为每年的4月至10月。

（2）漂流只能在白天进行，黑夜绝不要冒险。夜间应在远离河边的高地上露营。

（3）出发时，最好携带一套干净的衣服，以备下船时更换；最好携带一双塑料拖鞋，以备在船上穿。

（4）漂流时不可携带现金和贵重物品上船，若有翻船或其他意外事情发生，漂流公司和保险公司不会赔偿游客所遗失的现金和物品。若感觉机会难得，一定要带相机的话，最好带价值不高的傻瓜相机，事先用塑料袋包好，在平滩时打开，过险滩时包上，而且要做好丢入水中的思想准备。

（5）对于自助游，可自行购买短期出游意外保险。

（6）上船第一件事是仔细阅读漂流须知，听从工作人员的安排，穿好救生衣，找到安全绳。

（7）在气温不高的情况下参加漂流，可在漂流出发地购买雨衣。

（8）漂流船通过险滩时要听从工作人员的指挥，不要乱动，应紧抓安全绳，收紧双脚，身体向船体中央倾斜。

（9）若遇翻船，完全不用慌张，要沉着。

（10）不得随便下船游泳，即使游泳也应按照工作人员的安排在平静的水面游，不得远离船体独自行动。

（11）如果船发生意外，应举起船桨，向附近水域的船只求救。

4. 筏的种类

（1）竹筏。竹筏一般不宜在激流险滩中使用，容易被卡住或翻沉，但在风平浪静时漂流，却韵味十足。单层竹筏可能无法支撑太大重量，或者太长而难以操作，所以最好制成双层竹筏。将粗壮的竹竿砍成 3 米长的一段，两端与中央分别钻孔，利用坚韧的树棍穿过竹孔，再用藤条把每一根竹竿与树棍绑紧。双层竹排间要相互压紧，绑结实。

（2）木筏或夹筏。这是制作最迅速的一种筏，即用 4 根足够长的厚实木棍，分别在圆木柄端将其固定成木排。

（3）混合筏。混合筏是借助可漂浮的油桶、兽皮等，依据竹筏和木筏的构造方法建造成的漂流工具。

（4）独木船。独木船是把一截粗壮的树干中央部分烧空或挖空，或者在上面钉牢桦树皮或兽皮建造而成。

（5）皮筏。一般来说，皮筏适用范围最广、最普及、最常用。它采用橡皮或高分子材料制成，有 3 个或更多独立的气室，在正常使用时不会出现漏气问题。皮筏的适应性很强，因为其材料柔韧性好，又有重气囊可以以柔克刚，即使遇到落差较大的瀑布或险峻的河谷，也基本能化险为夷。

5. 漂流运动的器械装备

漂流是一种冒险，但绝对不是玩命。必需的漂流用具是爱好者从事这项户外运动的前提，尤其是在比较凶险的河流上。漂流的用具很多，这里我们只介绍部分单人漂流用具。

（1）防水上衣。漂流者如果遇到又冷又湿的情况，运动衣是不够用的。有一件好的防水上衣，就可以抵挡从河里溅出的冷水。这种上衣使用粗纤维和坚固的胶乳帆布来御寒。

（2）漂流手套。除了在热天，手套通常都很受漂流者的喜欢。一副好的手套能让手保暖，不致起水泡，同时使划桨更有力。

（3）背包。应该选购对于有桨或无桨漂流探险都极为理想的背包，既能保持包内物品干燥，又有肩带以便在短途的陆地上携带。

（4）水上运动头盔。对于激流探险来说，高质量的头盔非常有必要，可以起到保护人身安全的作用。

（5）卷口包。对于短程旅行，此包可以装大量物品而不太占地方，而且能使包内物品不会被水弄湿。

（6）漂流靴。3毫米厚的氯丁橡胶靴垫可以使你的脚即使在冰冻的水中也能充分保暖，同时耐磨的靴底即使在岩石上行走也能保护双脚。

（7）戴格尔转转船。这种特别好玩又有点刺激的游戏船是为漂流、喜爱难度漂流的初学者或者专业初学者设计的，适合于旋转、冲浪和空翻。

（8）救生衣。救生衣的功能都相同，但舒适性这一重要指标却各有差异。由于肩部、腰部和两侧都可调节，腋部开口宽松，萨波救生衣穿着更舒适。

（9）艾尔可充气筏子。艾尔是一位世界著名的充气式筏子漂流高手。艾尔公司改进了传统漂流筏工艺，从船尾到船头渐渐变窄的构造有助于克服空气阻力、加快船速及增强波浪感。这种筏子重量轻，便于携带。

（10）沃纳交叉桨。这种易于储藏的拆装式船桨，无论在惊险的激流中，还是在悠闲的湖面上，都能提供足够的动力，而且价格便宜，对初学者很适用。

（11）NSR可充气筏子。这种筏子不足3米长，别名"鸭子"，对于初学者最适合，在水中稳定性极强。

（六）山地自行车运动

1. 山地自行车运动的起源与发展

20世纪70年代早期，美国加利福尼亚州的塔马尔帕伊斯是山地自行车运动公认的发源地，加里·费歇尔、查里·康宁安、基思·班特杰、汤姆·里奇等常常被尊奉为山地自行车运动的奠基人。每年都有成千上万山地自行车运动爱好者来到这里，朝拜那些勇于挑战传统、意志坚定的运动发起者们。这些先驱者把老式的游览用自行车和配有充气轮胎的自行车改造成能够在高低不平的地面上行驶自如的人力车。

山地自行车运动的日渐流行，促进了山地自行车制造业的兴起和发展。20世纪70年代以来，情况变化很大。目前，山地自行车的销量相当于普通自行车的5倍。今天，我们可以买到质量上乘、双减震、配有碟式刹车装置和车灯、使用合金部件的山地自行车。山地自行车运动的规则较少，组织者对车手的要求也没有那么严格。不过，业余爱好者和专业运动员之间的差距越来越大。目前，已经出现了一些旨在区分专业运动员和业余爱好者的专业认证机构。相信不久的将来，山地自行车运动会更加专业化。这反过来又会加快某些自行车部件的改进，最终会改善山地自行车的整体装备。

2. 山地自行车运动的器械装备

（1）山地自行车的构造。现代山地自行车的构造比较特殊，这样特殊的构造是用来应付越野运动中产生的巨大冲击力的。

第一，车架。车架的材料、构造以及设计样式对于制造一辆高效能、安全可靠的自行车是非常重要的，因为自行车车架需要承受由各种原因造成的冲击。

因为山地自行车驾驭起来比较费力，所以山地自行车的车架相应地要比普通自行车的车架小。这种构造考虑到了自行车越野运动的特点，在不同的地面上，自行车操作起来都比较方便。

第二，车把。目前标准的车把是平把，握手处加长。立把又称翘把，能保证车手在骑车过程中保持一种比较舒适的姿势，而且比较时髦。把的立管长度或高度都可以调整，拉长能够加大车把与鞍座的距离。车手通常把立管放得比较低。加长车把握手处也有利于能量的传送，同时使车手握车把的姿势有更多的选择。

第三，传动装置。①脚蹬。承受腿部传来的力，并通过其他传动装置驱动自行车前行。有的自行车脚蹬带有踏脚套，起固定双脚的作用。②曲柄。曲柄是在车手和自行车之间传送能量的主要媒介。各种自行车的曲柄不尽相同，山地自行车上的曲柄连接着1～3个不同尺寸的链轮，下坡或在平地上骑车都能达到相当快的速度，也有利于攀爬比较陡的斜坡。③齿轮。山地自行车的齿轮传动速比为自行车以较高的速度行驶提供了条件，而在爬比较陡的斜坡时则又能保证自行车以较低的传动速比行驶。④链条。合金材料制造的链条比较结实有力。为了能更好地传送能量，链条必须干而润滑。在每一次骑车之前用合适的链条润滑油擦一下链条。⑤变速装置。变速器的作用就是把链条上的一个齿轮移动到另一个齿轮上。借助变速器，车手可以自由调整自行车的速度。山地自行车的变速器分为前变速器和后变速器两种。前变速器由车把左侧的变速杆制动，后变速器则由右侧的变速杆制动。变速杆也叫齿轮拨叉，要安装在比较顺手的位置，操作起来能方便一些。⑥制动装置。制动装置就是自行车的刹车装置，一般来讲，前闸的刹车效果比后闸要好。但是，根据地形和车闸刹车效果的不同，两个车闸应该谨慎使用。⑦鞍座。在自行车的各个部件中，鞍座是同人体直接接触得最多的部件之一，要配置适合男女不同身形的鞍座。这不仅能让车手感到非常舒服，还能降低车手受伤的概率。⑧车轮。高性能的车轮近来很受欢迎。这主要是因为这种车轮效率高、重量轻，但也不要为了轻便而忽略了自行车的牢固性。

（2）山地车骑行装备。装备的舒适程度与实用性决定车手能否充分享受这一运动。

第一，骑行短裤。合适的骑行短裤能够在裆部起到衬垫的作用，不仅能增强舒适感，还能很好地保护车手的裆部。如果骑车只是为了休闲娱乐，那么则要考虑购买一条带口袋和加网状衬垫的普通短裤。

第二，骑行衫。骑行衫既能保暖，又能防潮，后面还有口袋，方便实用，可以用来携带途中可能会用到的东西。在远距离骑车时最好同时配置一件比较暖和、可以挡雨的夹克衫。除了考虑其实用功能之外，骑行衫的颜色还要鲜亮一点，以便能够引起别人的注意。

第三，骑行鞋。硬挺的骑行鞋不仅穿着舒适，还有助于最大限度地传送能量，减少骑车过程中的体力消耗，避免因鞋底过软而造成的不适。选用带踏脚套的脚蹬，再买一双质量不错的骑行鞋，即使骑行条件比较恶劣，也应该能够对付。骑行鞋如果保养得好的话，可以使用好几年。

第四，手套。一副好手套的重要性仅次于骑行鞋，它可以保证在任何天气中或任何地面上都能使车手紧紧地握住自行车车把，同时还能够防止手掌起泡，使手掌保持舒适。

第五，头盔。头盔是最重要的装备，能够救人性命，而且没有头盔是不允许参加自行车比赛的。头盔大小必须合适，新购买的头盔的缚带和衬垫需要进行调整，同时所购买的头盔必须经过安检部门的检验，并有合格证。

第六，护眼镜。护眼镜能起到防风、防沙、防止昆虫飞入眼内、防止眼睛被树枝弄伤等作用，同时还能阻挡有害的紫外线和红外线。选眼镜时最重要的是重量轻、戴着舒服、镜片要适合各种光线。

第七，饮水装置。给水包是最佳选择，坚固耐用，可以不用手就能饮水。一些饮水装置的外面还常有用来储存食物、工具、钱币等各种物品的口袋。

第八，气筒。必须放在带拉链的袋子里，或紧紧固定在车架上，以确保安全。

3. 面对各种障碍物的技巧

（1）巨石。遇到巨石时，最好从旁边绕过去避开。要想从上面跳过去，则要看石头后面是否有足够的空间，自行车落地时是否安全。靠近巨石时速度要放慢一些，越过这一障碍后再加速，同时要选择动力传动速比较大的齿轮，链轮、飞轮都选用中号的。

（2）小石头。所谓小石头，一般是指碎石或鹅卵石等体积较小的石块。但在上面骑行对所有的车手来说都是一个不小的挑战。遇到这种地形，控制自行车和刹车都很困难，必须掌握相应的控车技巧。

（3）沟壑。穿越沟壑时，要尽可能地使自行车保持水平状态，如果被卡在沟里，轻者会受到撞击，重者会损坏自行车。若是宽窄合适的小沟，可以从沟底穿过去；若是沟较宽，则需要另想办法。由流水冲刷而成的 V 形沟壑是比较难对付的地形之一，最浅处也在 50 厘米左右。最简单的方法是把自行车从沟上面扛过去；最好的方法是在跨越沟壑时运用前轮离地平衡技巧，后轮碰到沟底时身体重心稍微前移，同时继续踏蹬，直到冲出沟底。

（4）树根。在斜穿斜坡时，车手很可能会被树根绊倒。所以在遇到树根时，要么是扛着自行车跨过去，要么是运用前轮离地平衡技巧，抬起前轮，紧接着重心前移，让后轮从树根上面滚过去。记住一定不要增加动力传动系统的压力，否则会减小摩擦力。

（5）圆木。对待圆木要像对待大石头一样，使用相同的骑车技巧。唯一的不同在于，在后轮碰到圆木的那一刻，一定要保证前轮已经落在了圆木的另一侧。因此，身体重心一定不要太靠前。

（6）横穿积水。从有积水的地方穿过肯定非常刺激，但是在这么做之前最好检查一下水的深浅，看一看水中是否有石头或者深坑。即使非常了解这种地形，这一环节也不可以省略。如果不了解，或者说好长时间没有从这里走过了，最好放慢速度，或者干脆下车，步行过去。不过，如果很自信，认为自己能够安全穿过，那么就放开胆子冲过去，但一定要把身体重心后移。

骑车做长途旅行，最好选择 28 车型的加重车，以适应山路、河滩、碎石路、土路等各种路面，还可保障自己的安全。如做短途旅行，路面较好，也可选择 26 车型的车。以使用者坐在车座上两腿自然下垂、脚尖能着地为宜。坐垫宜略微软一些，有 5°左右的向后倾角，车把略高于车座。

若进行长途骑行，出发前带好必需品，把握季节变化，带好衣物、太阳帽、太阳镜、双肩背包或手提肩背背包。修理自行车的工具和一些零件及洗漱用品、绳索、网袋、摄影用品等也要带好。带上指北针、地图、望远镜、电筒、火柴、蜡烛、水果刀、饭盒、筷子、调羹、水壶、酒精炉、固体燃料等。带好身份证、适当的现金，如条件允许可带上手机、必要的药品、小礼品等。旅途中劳逸结合，合理安排时间，晚上投宿时应找一个比较安全可靠的旅店。最好能有志同道合的几个人一起出行。饮食要保质保量，不要吃得过饱，汗流浃背时不要大量吃冷饮或者大量饮水。饮水量以300毫升为宜，以免引起肠胃功能紊乱。

二、户外常见事故类型分析

（一）户外运动常见的动物伤害与处理

1. 水母伤害的预防与处理方法

大型水母如海蜇，蜇刺人体后，其刺丝囊中的毒素会造成人体皮肤红肿。如果被蜇刺的面积较大，可以引起麻痹，甚至死亡。在海边活动的人要引起重视。

处理方法有：① 肥皂水清洗；② 牛奶涂抹患处；③ 鸡蛋涂抹患处；④送医院治疗。

预防措施有：① 不要在有水母出没的地方游泳；② 乘小船、艇时不要把手、脚放在水里；③ 水下作业要穿防护游泳衣。

2. 蛭类伤害的预防与处理方法

（1）水蛭。水蛭体长30～60毫米，宽4～8毫米。背腹扁，背黑褐色，腹黄褐色，整体密生环纹。体前后各有一个吸盘，前吸盘中有口，口腔内有3个颚，可以割皮肤。在吸血的同时，唾液腺能分泌抗凝血酶和血管扩张素，使寄主伤口流血不止。

水蛭广泛分布于我国各地的河流、湖泊、池塘、水田、水库等水域。涉水时应该注意。

处理方法：① 被水蛭叮咬时，不要用手直接拽下水蛭，那样会增加伤口的流血量，还可能在伤口上有动物残留物。可以用手或其他扁平物拍打，或用烟头或打火机烤，水蛭会自行蜷缩落下。② 如果没有消毒水，可用盐水或清水冲洗伤口。然后，用手压法止血10分钟以上，或者用加压法包扎。③ 向医生咨询。

预防措施：① 水中活动尽量不赤脚；② 经常检查浸水肢体；③ 烟蒂泡水，涂抹身体，干扰水蛭化学感应器。

（2）旱蛭。形态与水蛭类似，体色比水蛭浅，黄褐色，个别种类多少有些绿色。旱蛭为陆生，属于外寄生虫，常栖息在山林的草丛和灌木丛中。在我国南方分布较广。旱蛭的化学感应器比较发达，对寄主的气味比较敏感，对经过的人可以迅速做出反应。而且食量惊人，吸血后体重可以增加 5 倍。

处理方法同水蛭。

预防措施：① 服装没有开放点；② 穿越林地后，及时检查；③ 以烟蒂、香水等气味干扰其化学感应器。

3. 节肢动物伤害的预防与处理方法

（1）蝎子蜇刺。蝎子属蛛形纲蝎目。白天常隐藏在缝隙、石块、落叶下，夜间活动。蝎子尾端有一个发达的尾刺，具有毒腺，能分泌神经性毒素。人被蝎子蜇刺后，疼痛难忍，并伴随局部或全身中毒，多处被蜇刺甚至有性命之忧。

蝎子中毒的症状：① 伤口剧痛，局部红肿、水泡、血泡、组织坏死；② 两小时后，烦躁、出汗、流口水、气喘、恶心，甚至呕吐；③ 多处蜇刺者可出现呼吸困难、昏迷，严重者呼吸麻痹而死亡。

处理方法：① 3% 的氨水泡洗患处；② 拔出毒刺，用肥皂清洗伤口；③ 结扎肢体，防止毒素扩散；④ 蛇药溶解涂抹患处；⑤ 板蓝根、半边莲捣烂外敷；⑥ 送医院治疗。

预防措施：① 不要赤手在缝隙、石块下摸索。② 放在营地地面的服装、鞋帽，要检查后再穿。③ 帐篷离地面较近处的拉链要拉好。④ 晚间半睡半醒时感觉有东西在身上爬时，千万不要用手去捉，要慢慢调整身体，在弄清楚是什么东西后，迅速抖掉，等其自己爬走。

（2）蜈蚣咬伤。蜈蚣属多足纲，为夜行性动物。附肢较多，每体节有一对足。背腹扁，第一对附肢特化为颚足。颚足的基部愈合，末端为毒爪，内有毒腺。毒腺虽然不能致命，但被咬后疼痛难忍。

中毒症状：① 局部红肿、疼痛；② 严重者出现眩晕、恶心、呕吐、发热等；③ 治疗不及时会发生局部组织坏死。

处理方法：① 蜈蚣的毒素属于酸性，可以用一切碱性液体中和，肥皂、石灰水、氨水都可以涂抹患处；② 明矾调匀涂于患处；③ 蛇舌草捣烂外敷；④ 蛇药片溶化外敷。

预防措施同蝎子。

（3）跳蚤咬伤。跳蚤属昆虫纲蚤目，为体外寄生虫。深褐色，体型小，通常以毫米计。胸部附肢适于跳跃，不易捕捉。叮咬人体后，可引起皮肤丘状红肿，且丘肿常常连片，奇痒无比。

处理方法：① 碱性液体涂抹叮咬处，止痒处理。② 龙葵捣烂涂抹可消肿。

预防措施：① 跳蚤常常寄生于其他哺乳动物体毛中，与动物接触时要注意。② 跳蚤在开阔处喜欢跳跃，在隐蔽处喜欢钻营。在有跳蚤的地方宿营尽量少穿衣服。怀疑身上有跳蚤时，应尽量大范围地抖动衣服。

（4）全沟蜱咬伤。全沟蜱属蛛形纲蜱螨目。体长 3～5 毫米，褐色，头、胸、腹合起呈卵圆形。脚须在体前并拢，外观似头部，因此称为"假头"。在森林中比较常见，尤其是落叶松林。全沟蜱属于体外寄生虫，以动物血液为食。侵害人类时，其"假头"常常钻入皮下。人们发现后，用手拽下时，往往会将"假头"遗留在皮肤内，造成局部溃疡。

受害症状：① 皮肤局部红肿、溃疡；② 全沟蜱可以传播森林脑炎，并有一定的潜伏期。

处理方法：① 发现被全沟蜱叮咬后，不要直接拽下。应该先在全沟蜱身上轻轻拍打，待其有准备后，以拇指和食指捏住，向前轻轻提起。如发现皮肤中有残留物，应及时取出。② 用手在叮咬伤口处挤出一些血。③ 向医生咨询，注射疫苗。

预防措施：① 穿越森林后，及时检查；② 穿越森林前，将领口、袖口包扎严实；③ 尽量不晃动树枝。

（5）蜂类蜇刺。蜂类属于昆虫纲膜翅目。并不是所有的膜翅目都能蜇刺。蜂类中有一部分是蜇人的，而且是雌性。蜂类的蜇刺是由雌性的产卵管特化而形成的，基部往往具有毒腺，是蜂类重要的防御器官。比较凶悍的种类属于胡蜂科，马蜂就是胡蜂科中的一种。蜜蜂科的许多种类也有蜇刺，但是后果没有胡蜂科严重。

蜇刺症状：① 局部有红肿、发热、剧痛等症状，5～7 天后逐渐消退；② 严重者出现头晕、眼花、气喘等症状；③ 多处、大面积蜇刺可引起过敏性休克，甚至导致死亡。

处理方法：① 千万不要挤压伤口，以免毒液扩散。② 认真检查，看看是否有蜇刺留在皮肤内。如果有，应及时用小刀或针挑出，伤口可任其自然流血。③ 最好能判断是被什么蜂蜇刺的。胡蜂蜂毒属于碱性，不要用肥皂去清洗，可以用酸性液体冲洗；蜜蜂的毒液是酸性的，应该用肥皂等碱性液体冲洗。④ 如果情况严重，应该送医院。

预防措施：① 不要去捅马蜂窝。蜂类在没有受到攻击时是不会主动攻击的，因为蜇刺以后往往意味着死亡。但是，如果有人激怒它们，它们是不怕牺牲的。② 远离蜂巢。蜂类对自己的蜂巢十分珍惜，会誓死捍卫。如果在蜂巢附近无意晃动了它们筑巢的树枝，后果不堪设想。③ 一旦被大群蜂类攻击，千万不要去扑打，那样会引来更猛烈的攻击。可以用厚衣服蒙住外露的皮肤，远离蜂巢。如果附近有水源，可以钻到水里。④ 建立营地时，先观察周围是否有蜂类出没。如果有，请分析是因为花蜜的原因还是附近有蜂巢。应该远离蜂巢扎营。⑤ 如果你的衣服很鲜艳，会有蜜蜂在你身边飞舞或落在你身上。千万不要扑打它们，应站立不动，不久它们就会离开。⑥ 如果遇到蜂群的围攻，可用火、烟驱赶。马上找一把干草，迅速点燃，手拿着点燃的柴草原地转圈，并且不断添加手中的柴草。蜂类比较害怕火。浓烟对蜂类也有很好的驱赶作用。

（6）蚊虫叮咬。蚊虫属双翅目长角亚目，包括大蚊、伊蚊、白蛉等。蚊虫叮咬在人们眼里似乎不算什么伤害，但是野外的蚊虫还是有必要防范的，因为野外的蚊虫不仅影响你的休息，还会传播疾病。

处理方法：① 蚊虫唾液腺为酸性，可用碱性液体处理，肥皂水、苏打水等可以涂抹叮咬处；② 涂抹蚊虫叮咬药水；③ 车前子捣烂外敷可止痒。

预防措施：① 野战部队有用泥浆涂抹身体裸露部分防蚊的方法，比较适合没有任何防护措施的野外环境；② 艾蒿、熏蚊草等有芳香气味的植物可以放在篝火上，形成的烟雾可以驱赶蚊虫；③ 有蚊虫的季节，去野外前应注射乙脑疫苗；④ 香水对蚊虫有一定的驱赶作用，但效果不显著；⑤ 宿营时远离死水池塘，睡觉前检查帐篷；⑥ 进入草丛前，尽量少暴露皮肤。

4. 毒蛇伤害的预防与处理方法

世界上的蛇类有 2 000 多种，我国的蛇类约有 160 多种，其中毒蛇约有 50 种，剧毒蛇约十几种。毒蛇排出的毒液主要有 3 种：金环蛇、银环蛇、海蛇等排出的是神经性毒素；蝰蛇、尖吻蝮蛇、竹叶青、烙铁头等排出的是血液毒素；眼镜蛇、眼镜王蛇、蝮蛇等排出的是混合毒素。

在户外，被毒蛇咬伤而死亡的概率在动物伤害的死亡率中是最高的。所以，对于户外工作者和户外活动爱好者来说，学习有关毒蛇方面的知识非常重要。

中毒症状：① 毒蛇咬伤的普遍症状一般有局部充血、水肿。时间稍长，伤口逐渐变黑，伤口胀痛，附近淋巴结肿大。② 如果是被有神经毒液的毒蛇咬伤，一般表现为伤口无红肿迹象，稍感疼痛，主要反应是麻木。但很快就出现头晕、发汗、胸闷、视觉模糊、低血压、昏迷，最后因呼吸麻痹而死亡。③ 被有血液毒素的毒蛇咬伤，一般表现为伤口剧烈疼痛，有灼烧感，并伴有局部肿胀、水泡、发热、流鼻血、尿血、吐血等症状，最后休克、循环系统衰竭而死。

处理方法：① 被咬后，首先确定是否是毒蛇咬伤。如果可以确定是毒蛇咬伤，马上让受伤者安静下来，过多的活动会导致毒液迅速扩散。②结扎伤口近心脏方向的一端，阻止毒液扩散。一般情况下，被咬伤的部位多为手、脚、小腿等部位。若手指受伤，结扎手指根；若手掌受伤，结扎手腕；若小臂受伤，结扎肘关节附近；若足部受伤，结扎脚腕；若小腿受伤，结扎膝关节。结扎的原则是阻止淋巴液回流。因为蛇毒在淋巴液中的扩散是快速、致命的。结扎可以持续 8～10 小时，并且要每 30 分钟放松 1～2 分钟，以防止肢体坏死。③用清水反复冲洗伤口，任凭血液外流。④想办法尽可能地排出毒液，可以在伤口处呈"十"字切开使毒液流出。如果手上有罐头瓶或水杯，可以用"拔火罐"的方法，加快毒液排出。⑤使用蛇药。⑥送医院治疗。

预防措施：①了解毒蛇的栖息地。蛇类是变温动物，在比较凉的季节和早晨，蛇类要靠太阳提高体温，会选择较高或草丛的开阔处活动。蛇类主要食物是蛙类、鼠类、鸟类，有这些动物出没的地方要小心。蛇类耐饥饿，但不耐干渴，所以毒蛇一般喜欢栖息在离水源不远的石丛中。②了解蛇类的习性。蛇类对静止的东西不敏感，喜欢攻击活动的物体。如果与毒蛇相遇，不要突然移动，应保持镇静，原地不动，毒蛇便会自己离开。③了解攻击部位。蛇类咬人的部位以膝盖以下为主，翻动石块和草丛时容易被咬到手。所以，在毒蛇比较多的区域活动，要穿上比较厚的皮靴，最好能涂胶裹腿。这样，即使被咬，也不会有大问题。徒手工作要格外小心。④打草惊蛇。在多蛇地区，找一个木棒，一边走路，一边在身体前用木棒扫打草丛，被惊动的蛇一般都会跑开。

（二）户外运动常见的疾病损伤与处理

1.高山冻伤

在登山常见疾病中，冻伤发病率较高，尤其多见于初次参加登山的运动员。新手缺乏防护的实际经验，加之初次登山时高山反应重一些，对防冻容易疏忽。

高山冻伤与缺氧有明显关系。缺氧可引起人体体力、精神的衰退和全身尤其是肢体末梢的循环障碍，以致抗寒能力大大下降。对缺氧适应不良者，冻伤发生率更高。高山冻伤与海拔高度也有关系。海拔愈高，气温愈低，风速愈大，冻伤发生率愈高。发生冻伤的部位以四肢和脸部最多。

高山冻伤可分为 4 度：1 度病变在表皮，表现为红斑；2 度侵及真皮，有水疱、肿胀；3 度侵及皮下；4 度侵及肌肉和骨骼，主要表现为坏死。

冻伤后应先在基地营进行一段治疗，切忌过快地送至高温地区，否则患处组织容易溃烂、感染。治疗方法有以下几点：①对没有起疱的部位进行按摩。②在受冻肢体的向心端做普鲁卡因封闭。③抽出水疱内液体。④未破皮者外敷中药桑寄生膏。⑤尽早用热水（40℃左右）浸泡。⑥红外线理疗。⑦4度冻伤初期采用保守疗法，待分界线形成后切除坏死组织。在保守治疗中，应注意控制感染，改善局部循环，适时地进行晚期手术治疗。

2. 雪盲

雪盲即日照性眼炎。高山上空气稀薄，太阳光的穿透阻挡少，加上山地冰雪的反射作用，因此日光的照射较平地更烈。高山紫外线照射强烈，红外线的照射亦有一定作用。

初时似有异物颗粒摩擦，随后眼睛迅速发生严重的刺痛或灼痛，畏光、流泪、眼睑痉挛、视物不清，整个眼睛肿胀、球结膜明显充血，有黏液样分泌，瞳孔缩小，对光反应迟钝。

应去暗处休息，戴防护眼镜，点松眼药水及0.5％丁卡因，止痛消炎。轻者3～4小时即可恢复，重症者可持续5～7日。但在急性期因疼痛畏光，睁不开眼睛，等于暂时失明，严重时影响在高山上的活动能力。

在7 000米以下的冰雪地带或烈日下，应戴深色防护镜；在7 000米以上高山上，戴专门防御紫外线、红外线的高山眼镜。

3. 中暑

人体受高温及阳光直接照射，体温调节机能失常而发生排汗困难，外界气温太高而体内汗液无法散发，体温急剧上升。如长时间暴露于高温下，可引起脑膜高度充血而影响中枢神经系统，使其失去体温调节作用。

中暑时会感觉闷热难受，体温升高（往往超过40℃）。皮肤潮红但干燥无汗，继而意识模糊、头晕虚弱、恶心呕吐、血压降低，脉搏快而弱，终至昏迷。应采取以下措施：①迅速将中暑者移往阴凉而通风的处所，放低头部；②解除负荷，松开衣服，全身淋以冷水；③补充含糖和盐分的水（意识清醒时可口服，意识不清醒时应予以点滴）；④用酒精棉擦涂人中、太阳穴；⑤服用人丹、藿香正气水等。

还应做好以下几点预防措施：①在太阳穴涂抹风油精、清凉油等；②适时补充足够水分；③穿着易散热服装。

4. 晒伤

人体长期受高温及阳光直接照射，会引起皮肤的病变，皮肤被晒发红并出现疼痛，或起小疙瘩、水疱。

（1）用冷毛巾敷在患部，直至痛感消失为止。

（2）皮肤没有外伤的情况下涂上防晒油脂。

（3）出现水疱时，不要去挑破，用毛巾冷敷。

5.中毒

症状有恶心、呕吐、腹泻、胃疼、心脏衰弱等。

首先要洗胃，快速喝大量的水，用指触咽部引起呕吐，然后吃蓖麻油等泻药清肠，再吃活性炭等解毒药及其他镇静药，多喝水，以加速排泄。为保证心脏正常跳动，应喝些糖水、浓茶，暖暖脚，立即送医院救治。

6.昏厥

野外昏厥多是由摔伤、疲劳过度、饥饿过度等原因造成的。主要表现为脸色突然苍白、脉搏微弱而缓慢，失去知觉。遇到这种情况，不必惊慌，一般过一会儿便会苏醒。醒来后，应喝些热水，并注意休息。

7.出鼻血

出鼻血指受热刺激或头部受撞击后，从鼻腔中流出血或水状液体（受撞后流出水状液体应给予重视）。

（1）马上坐下，头略低，用手捏住鼻子5分钟左右，用口呼吸。

（2）若出血仍止不住，可以用清洁的纱布塞入鼻腔，捏住鼻子，没有纱布也可用餐巾纸、棉球代替。

（3）物理疗法：用冷毛巾、酒精棉冷敷鼻根部。

由外伤引起的出鼻血既而引发耳中出血，应及时送医院。外伤可能引起鼻腔流出水样液体，这是脑脊液。它近似透明，混有少量血丝的水样液体，无异味。应任其流出，并立即送医院。堵塞鼻腔反而容易引起颅内细菌感染。

8.起水疱

因磨损、重压、烫伤、冻伤等引起体液渗出而形成水疱。

（1）若疱未破，可先用肥皂清洗干净。

（2）将别针等针头用火烫消毒，然后刺破水疱。

（3）用干净的纱布将疱中的积液轻轻挤出擦干，最后贴上护创膏。

9.外伤（擦伤、刺伤）

观察擦伤的伤口面积或刺伤的伤口深度及出血量。

（1）当伤口面积不太大，无活动性出血时，可擦涂外用药品或用清水冲洗伤口周围。

（2）当伤口面积较大，无活动性出血时，清洗后可在干净的纱布外再加绷带缠扎。

（3）当出现活动性出血时，首先借出血把伤口中的脏物带出伤口，然后用清洁的纱布盖住伤口，手放在纱布上压迫止血。

刺伤处理有以下几种方法：①当刺入体内的异物较小且较浅时，可先取出异物，再用力挤压伤口，将伤口内的血和脏物带出体外，之后的处理方法同擦伤。②当刺入体内的异物较大且较深时，不要轻易取出异物，也不要私自清洗伤口，以免造成大出血，进行简单的包扎后尽快由医务人员处理。

注意事项：①保持伤口干燥和透气，以免感染。破伤风菌为厌氧菌，较深的伤口危险较大，保持伤口透气极为重要。②擦伤伤口大和刺伤时请尽快汇报，及时预防破伤风。③尽快消毒处理伤口，逾6小时不做消毒处理，感染的可能性很大。

10. 摔伤

（1）判断头、肩、背、腰、尾椎、四肢有没有受伤。

（2）轻微活动受伤的部分，判断是否剧痛。如出现剧痛，平躺下来休息，不要着急活动。

（3）在不活动的时候判断是否疼痛，如仍然疼痛，应尽快固定伤处，以防骨折错位。

处理方法有以下几点：①如怀疑有骨折的可能，不要运动，尽快与医务人员联系；②如出现肿胀、淤血，可用冷敷疗法止痛。

11. 扭伤

扭伤是因关节活动过量，超过正常活动范围，使周围的筋膜肌肉等受强力牵拉发生的损伤。

症状有关节肿胀、剧痛、活动受限、关节皮下淤血、不能活动或侧弯。

处理方法：①停止活动（至少减少用力），尤其是踝部和膝关节的扭伤；②在患部垫上纱布、毛巾等，用冰袋冷敷；③可配以舒筋活血的药物治疗，但不要进行推拿和按摩；④休息时，将患处垫高。

12. 眼中进入异物

（1）用清洁的手翻起眼皮，如看见异物粘在结膜上，可用棉球蘸上水后剔去异物。

（2）如看不见异物，可进一步用棉棒按住翻开的眼皮，用手捏着睫毛拉起查找眼皮内侧是否有异物。

（3）眼球略向下看，容易发现异物。

（4）虽找不到异物，但总有异物存在的感觉，可能是异物刺入角膜了。可用纱布保护好去医院处理。

眼球是娇贵的器官，不要用脏手揉眼。如有问题尽快与医务人员联系。

【小贴士】

常用医药用品清单

1. 个人药品

板蓝根冲剂、创可贴、维生素。

2. 公共药品及器械

（1）内服药物。感冒药：百服宁；消炎药：阿莫西林；肠胃药：盐酸小檗碱（盐酸黄连素）；抗过敏药：氯苯那敏（扑尔敏）；消化药：吗丁啉；口腔药：西瓜霜；眼药水：红霉素；外伤应急：云南白药；高山病：呋塞米（"速尿"）；镇痛药：阿司匹林；急救：地塞米松。

（2）外伤药及器械：碘酒、酒精（或碘氟喷剂）、纱布、胶布、外伤擦剂、扶他林、伤湿膏、手术刀、镊子、温度计、听诊器、棉签。

补充事项：

（1）阿司匹林和百服宁的化学成分基本相似，药理作用相同。而且目前在中国市场百服宁已经停止销售了，所以只带阿司匹林就可以了。

（2）阿莫西林作为半合成青霉素，其抗菌谱不广，而且近10年以来耐药菌增多。对青霉素过敏的人也不能吃。建议换作头孢呋辛酯西力欣。

（3）应携带止血药、酚磺乙胺（止血敏）等，云南白药起效比较慢。

（4）氯苯那敏有明显嗜睡的副作用，如果是开车或在高山地区活动不能使用。可以使用氟雷他定（开瑞坦）。

（5）应携带蛇药。

（6）弹力止血带是抢救中最有用的。

第二节　户外常见风险的应对策略

一、户外运动受伤后的急救

户外活动中任何一个小问题的发生，都有可能导致大的事故。尤其是遇到突发性的患者或伤者时，要根据不同情况采取相应的急救措施（愈快处理效果愈好），然后想办法尽快送医救治。

（一）急救的目的

抢救生命，降低死亡率；防止病情继续恶化；减轻病痛，减少意外伤害，降低伤残率。

（二）急救的原则

遇到事故时，应沉着大胆，细心负责，分清轻重缓急，果断实施急救方法。先处理危重患者，再处理病情较轻的患者；对于同一患者，先救治生命，再处理局部；观察现场环境，确保自己及伤者的安全；充分运用现场可供支配的人力、物力来协助急救。

（三）处理前观察

需观察患者全身，并掌握周围状况。判断伤病原因、疼痛部位和伤病的程度，或将耳朵靠近听听呼吸声。尤其要注意脸、嘴皮、皮肤的颜色，确认有无外伤、出血，注意意识状况和呼吸情形，仔细观察骨折、创伤、呕吐的情况。然后选择具体的处理方法。尤其对呼吸停止、昏迷、大量出血、服毒的情况，不管有无意识，发现者均应迅速做紧急处理，否则将危及患者生命。现场要尽量组织好对伤病者的脱险救援工作，救护人员既要有分工，也要有合作。

（四）观察后处理

在做急救处理时，以患者最舒适的方式移动身体。若患者昏迷，需注意确保呼吸道畅通，谨防呕吐物引起的窒息死亡。为确保呼吸畅通，需让患者平躺。撞击到头部的患者也要水平躺下。若脸色发青，需抬高脚部；而脸色发红者，需稍抬高头部；呕吐者，以侧卧或俯卧为宜。

（五）处理完毕后

在紧急处理后，将患者交给医师之前，需对患者进行保暖，避免患者消耗体力，使症状恶化。接着联络医师、救护车、患者家属。原则上，搬运患者需在充分处理过后安静地运送。搬运方法随患者情况和周围状况而定。在搬运中，患者很累，要适度且有规律地休息，随时注意患者的病况。

现场抢救时间紧迫，对病情危重者的救治，一要遵守急救原则，二要抓住重点，迅速按以下步骤检查患者。

1.判断意识

轻拍患者肩部或面部，并在其耳边大声呼唤，以试其反应。

2.高声呼救

若患者对轻拍、呼唤无反应，表明其已无意识，应立即在原地高声呼救。

3. 急救体位

患者应仰卧在坚硬平面上。如果患者是俯卧或侧卧，在可能情况下应将其翻转为仰卧，放在坚硬平面上，如木板床、地板或背部垫上木板，这样才能使心脏按压行之有效。不可将患者仰卧在柔软物体如弹簧床上，以免直接影响胸外心脏按压的效果。注意保护患者头颈部。

4. 翻身的方法

抢救者先跪在患者一侧的肩颈部，将其两上肢向头部方向伸直，然后将离抢救者远端的小腿放在近端的小腿上，两腿交叉，再用一只手托住患者的后头颈部，另一只手托住患者远端的腋下，使其头、颈、肩、躯干呈一个整体，同时翻转成仰卧位，最后将其两臂还原放回身体两侧。

5. 打开气道

抢救者先将患者衣领扣、围巾等解开，同时迅速将患者口鼻内的污泥、土块、痰、呕吐物等清除，以利呼吸道畅通。注意清除口腔内异物不可占用过多时间，整个开放气道过程要在 3 ～ 5 秒内完成，而且在心肺复苏全过程中自始至终要保持气道畅通。

6. 人工呼吸

若患者无自主呼吸，抢救者应立即对患者实施人工呼吸。每次吹气时间为 1 ～ 1.5 秒，每次吹气量应为 800 毫升。

7. 检查脉搏，判断心跳

抢救者采用摸颈动脉或肱动脉的方法，观察患者是否有脉搏和心跳。检查时应轻柔触摸，不可用力压迫。为判断准确，可先后触摸颈动脉，但禁止两侧同时触摸，以防阻断脑部血液供应。若没有脉搏，可实施胸外心脏按压术，挤压 15 次，挤压速度为每分钟 60 ～ 80 次。挤压气与吹气之比为 15∶2，反复进行。连续做 4 遍或进行 1 分钟后，再检查脉搏、呼吸恢复情况和瞳孔有无变化。

8. 紧急止血

对有严重外伤者，抢救者还应检查患者有无严重出血的伤口。若有，应当采取紧急止血措施，避免因大出血引起休克而致死亡。

9. 保护脊柱

因意外伤害、突发事件造成严重外伤，在现场救治中，要注意保护脊柱，并在医疗监护下进行搬动转运。避免脊髓受伤或受伤脊柱进一步加重，造成截瘫甚至死亡。

【小贴士】

保证野外活动安全的十条注意事项：

（1）掌握应急处理方法。

（2）注意天气预报。

（3）适时添加衣服。

（4）避免过于疲劳。

（5）尽量有规律地进食，并注意饮食卫生。

（6）充足睡眠，注意温度、姿势等。

（7）排便最好在早饭后进行。

（8）注意个人卫生，如不能洗澡，也要擦身换衣。

（9）保持集体友爱，互通信息，相互帮助。

（10）一旦发生事故，果断处理，切莫相互埋怨而耽误了抢救时机。

把握身体情况的三要点：

（1）出发前每人应先介绍自己的健康状况，如脉搏、体温等，核查后再出发。

（2）注意脸色和表情等，如脸色不好、眼睛充血、打嗝过多，要马上向带队者报告。

（3）要注意过于沉闷和过于兴奋等精神方面的变化情况。

避免危险的六个方面：

（1）夜晚不要单独外出。

（2）不要靠近山崖、河边以及火山口。

（3）不要在陌生的山头上玩得太久，天气突变时，应找安全地方躲避。

（4）身体不行时，不要硬撑赶路，应暂时休息。

（5）出现迷路时要冷静判断，千万不要慌不择路、乱跑乱窜。

（6）熟知紧急联络方式等。

二、户外露营与饮食的防患措施及紧急处理

（一）应对狂风暴雨与电击

露营当然是以晴天为佳，但是也经常会遇到天气不好的时候。大雨来临时，注意把外帐架好，将寝具等用雨布保护好。衣物、鞋袜弄湿了以后，可以晾在树枝上，以木炭火烤之。刮大风时，一些易被吹走的物品记得用石头压好，将火熄灭，以免火星飞入森林，造成火灾。不要在巨石、悬崖下和山洞口躲避雷雨，因

为电流从这些地方通过时会产生电弧，击伤避雨者。不要躲在旷野中孤立的小屋内，也不要在孤树下避雨。应离开高地，远离金属物体。如果在游泳或在小艇上，应马上上岸。即便是在大的船上，也应躲到甲板之下。如果逃避不及，那么就地卧倒也可将危险降至最低。

（二）防洪

露营多在溪边。下过一场大雨后，洪水倾泻而下，可能会淹没溪边营地，因此扎营时应注意洪水流向。沙滩冲积地是扎营佳处，洪水来时也首当其冲，下雨后应采取行动，换个营地，否则会有被洪水冲走的可能。到溪边或海边露营前，最好先收听气象报告，如能请教熟悉当地气候、地形的人，以选择适当的露营时间，则是最理想的。

（三）防溺与防火

不论在海边还是溪边露营，都很可能有游泳的机会。海边有警戒线，不要忽略这道防线。不太会游泳的人，最好两人一组，并且不要离岸太远；技术好些的人，也该有个保留，不要太逞强，以免游不回岸。露营在深潭处时，下水前应先试探水的深度，如投石或以竹竿试测。溪水倾泻而下的深潭处，可能也是漩涡聚集处，不要轻易冒险。

如果不幸有人溺水，那么先清除其口中的异物，然后施行心脏按压和人工呼吸，并尽快找来懂得医护的人员。不要一直压其腹部，因为从腹部挤出来的东西，很可能堵塞咽喉。

防火方面，除了如前述做好灭火的工作外，切忌在帐篷内点蜡烛，翻倒的蜡烛很容易引起火灾而烧毁帐篷。不得已时，需用一个平稳的石台底座。烟蒂不要往干柴上丢，并随时注意汽油、煤油等不可放在帐内，帐内的照明最好使用手电筒或营灯。

（四）饮食病症

旅途中，因地域饮食习惯以及身体适应性等，容易诱发腹泻病症，下面提供一些出行饮食卫生注意事项及应对腹泻的办法。

（1）注意饮食卫生，养成良好的个人卫生习惯。在旅途中多选取清淡食品，多吃蔬菜水果以及一些不易受细菌干扰的食品，如鸡蛋、当地新鲜肉类食品等。切记莫太贪嘴，并注意食用当地一些野生植物是否适合自己当时的身体状况。当然，只要在旅途中时刻牢记"防止病从口入"这一警语并严格遵守，一般是不会与腹泻结缘的。

（2）适当地服用一些肠胃保健药物。盐酸小檗碱片属中成药，是预防和治疗腹泻的良药。如果在旅途中感到进食后胃肠不适，或认为饮食店的卫生不尽如人意，或进食的食物不太新鲜，均可服盐酸小檗碱片 2～3 片，能起到一定的预防作用。

（3）如果不慎染上急性腹泻，应该马上采取治疗措施。急性腹泻治疗不及时，就会转变成慢性肠炎。慢性肠炎可反复发作，很难彻底治愈，虽不至危及生命，但会伴随终生。

具体治疗方法可参考以下几点：① 口服盐酸小檗碱片 3 片，一日 3 次，可酌情饭前或饭后服用。② 口服呋喃唑酮（痢特灵）1～2 片，一日 3 次，注意饭后服用，过量很可能引起胃痛和厌食。③ 口服盐酸洛哌丁胺（易蒙停）胶囊，首次 2 粒，以后每次腹泻后服 1 粒，每天不得超过 8 粒，至治愈为止。④ 如果没有随身携带的药物，可进行按摩治疗，效果亦十分理想。操作方法：让患者俯卧，两肘撑在床上，两掌托腮，用枕头或其他软物（约 20 厘米厚）垫在靠膝盖的大腿下使腰部弯曲；施治者用两拇指按在第二腰椎棘突（棘突即脊梁骨上突起的、能用手触到或可看到的隆起骨）的两侧，用强力朝脚方向按压 2 分钟。如此重复一次即可止泻。⑤ 在进行上述急救处理后，还应当对症治疗，服用解毒剂。最简便的方法是吃生鸡蛋清、生牛奶或用大蒜捣汁冲服。有条件的可服用通用解毒剂（活性炭 4 份、氧化镁 2 份、鞣酸 2 份和水 100 份），其主要作用是吸附或中和生物碱、重金属和酸类等毒物。

三、来自自然的危险及其预防措施

（一）雪　崩

山地大量积雪突然崩落的现象称为雪崩。雪崩由积雪本身重量、大风、新旧积雪面摩擦力减小、积雪底部融化、气温骤升，以及地震、暴风雪等引起。一般多发生在 25°～40° 的斜坡上。雪崩是雪山地区经常发生的一种自然现象，对高山地区的探险登山运动员具有极大的危害。

容易发生雪崩的地区称为雪崩区。雪崩发生时，积雪沿着一条通道——雪崩槽崩落，并留有明显的痕迹。雪崩槽下部为雪崩堆积物。雪崩多发生在大雪以后的 2～3 日内。在一天中，多发生于上午 10 时至下午 2 时之间，因为这时气温较高，但也有例外，这要根据当时实际情况判断，不能一概而论。

1.雪崩的分类

人们对雪崩的研究目前仍处于探索阶段，各国对雪崩的分类也不尽相同。按冰雪的雪质特征，可分为在松散冰雪中发生的干雪崩及在经过多次融化和再冻结的湿雪崩。日本冰雪协会将雪崩按发生特征分为点发生雪崩和面发生雪崩。在欧洲有些人将面发生雪崩称为线发生雪崩。按雪崩发生的层位特征，可分为表层雪崩和整层雪崩。这些分类从理论上讲虽比较清楚，但对具体的雪崩很难分清，因而意义不大。日本登山协会在日本冰雪学会的基础上，将危害极大的面发生雪崩分为干燥雪崩、雪板雪崩、湿润雪崩和旧雪雪崩，此外还有冰河雪崩和崩塌雪崩。现将一些危害较大的重要雪崩简要介绍如下。

（1）点发生雪崩。日本学者研究认为，点发生雪崩是由于靠摩擦力而停滞在斜面上的冰雪受到外部某种作用的刺激而产生的局部雪崩，它可以形成扇面的冰雪流。点发生雪崩可以发生在干燥的新雪、旧雪、湿雪、粗粒雪等各种积雪区，雪粒呈互不黏结的场合。登山运动员的蹬踏也可诱发这种雪崩，崩雪可形成巨大的雪流把人裹挟下去。点发生雪崩有时也会引起面雪崩的发生。

（2）面发生雪崩。面发生雪崩的特点是面积大，往往是整个雪层一齐发动。它先是在雪坡的最上部产生裂口，裂口线近似水平状态。接着是裂口以下整个斜面上的冰层同时向下滑动，与此同时，在其两侧出现断面。滑落的冰雪可越过下面的积雪在适当的地带停滞下来。在坡度较大时，还可引起更大规模的雪崩。面发生雪崩与点发生雪崩的流动状态有所不同。它可以像晾晒在屋顶上的被褥滑落一样，以整片的状态滑动。当雪流短时，也可呈板状形态停滞下来，但常破碎为块状，在雪流距离较大时会形成流体状态。这种雪崩的危害性极大。面发生雪崩按其雪质和状态可分为以下几种。

干燥雪崩。积存在斜坡上的新雪，其雪层是松散的，由于降雪时的气候条件不同，高山上的积雪具有一定的分层构造，在积雪的内部很可能形成软弱层，如积雪不断加厚，其重量也不断增加，当雪层自重沿斜坡方向的分力超过雪层结合力时，便会沿某个层次发生滑动，这就是干燥雪崩的自然发生。即使积雪的不稳定未发展到自然发生雪崩的程度，有时也会由于登山者的踩踏或强风劲吹而发生这种雪崩。

湿润雪崩和旧雪雪崩。寒冷时，刚降下来的雪通常是干燥的，由于日照、气温上升等原因，干燥的雪会发生融化，使一部分冰雪呈湿润状态，因其强度下降而产生的雪崩称为湿润雪崩。如果新雪在最初湿润时没有发生雪崩，以后再度湿润也未发生雪崩，但在反复融冻过程中，积雪逐渐变成粗粒雪，这种雪的内部连接力较弱，会使危险再度降临。这时发生的雪崩，称为旧雪雪崩。一般人们常认为旧雪雪崩属底层雪崩，实际上这种雪崩发生在表层的也不少。湿润雪崩有些可以是人为造成的，而旧雪雪崩一般都是自然发生的。

雪坡雪崩。雪坡受到日照、风雨等作用，形成雪溪缓缓流下，雪水的流动可促使冰雪面产生形状各异的冰裂缝，这些冰裂缝几乎都垂直于冰雪面，其侧面被溶蚀成雪檐状，有时这种流水和风的作用会逐渐形成雪下空洞，即便在没有雪溪的情况下，受到强风吹的雪也会变得表面坚硬而形成板状。在这样的雪坡面上行走，稍不小心，就可能滑入冰裂隙或落入冰雪洞。人的蹬踏、滑落等的刺激，也会引起雪崩，这就是雪板雪崩。粗粒雪也容易发生这种雪崩。这种雪崩多因某种诱发因素引起，因而在低温、大风时，特别是在积雪较浅的雪坡上，要警惕这种雪崩。

（3）崩塌雪崩。在春季以后，冰雪融化可形成雪底水溪，有时会发生前面类型的雪崩。当雪溪下的空洞逐渐加大到一定限度，雪溪两旁的冰雪不能再支撑其上部冰雪的自重时，崩塌的雪块随着倾斜的冰沟汇集，从而形成巨大的雪崩，这称为崩塌雪崩。这种雪崩的雪流裹挟有一定的雪块流泻。当它们大量积蓄在冰沟时，可能有再次发生雪崩的危险，登山时要特别加以注意。

（4）冰河雪崩。当冰河中的冰雪被推到山崖上时，首先会在冰雪表面产生冰裂缝，其后形成大冰块而坠落形成雪崩。冰河雪崩又称作冰川雪崩。在视野较好的地方，可以看到其将发生的场所，但问题是不知道何时坠落。这种雪崩与崩塌雪崩类似，其发生状态不同于面发生雪崩。

2. 判断雪崩危险的诸要素

在判断雪崩危险时，一般很难当时就做出定论。从雪崩的理论可以看出，不同雪崩的发生条件是不一样的。例如，寒冷对干燥雪崩和雪板雪崩是持续的不稳定积雪条件，但对湿润雪崩和旧雪雪崩来说却是相对稳定的积雪条件。所以，判断雪崩危险靠零碎的知识是不可取的，也是十分危险的。登山运动员在行进过程中必须充分观察和综合分析各种自然现象，才能避免做出错误的判断。

判断雪崩危险的存在，首先要判别雪崩可能发生的位置及雪崩的运移路径——雪崩槽。雪崩槽往往表现为深入山坡自上而下延伸的光裸窄带，由于缺乏植被，而且基岩裸露，所以从远处即可分辨出它们的光亮色泽。

大的雪崩多发生在高山积雪区，大风的作用可使大量的积雪被迁移到分水岭的山脊上，形成陡峻的雪堆和雪檐，成为极不稳定的山坡积雪。只要有轻微的震动、喧嚣等，就可能触发雪崩。因此，登山时对雪崩的调查了解是很重要的。一般来说，观察是否存在雪崩危险，可以从上面俯视，这样最容易发现。即使是经验不足的登山者，也不会犯大错误。

（1）观察地形

易发生雪崩的山坡倾斜度是 35° ～ 50°，在 30° 左右的较缓斜坡上，遇有特大的降雪时也会发生雪崩。在 60° 以上的陡雪坡上，雪一降下就会以粉尘雪崩的形式而流失，不易积存大量积雪。但应注意，这种陡坡的岩壁和冰壁稍缓的坡上，亦可有雪的堆积，这些雪明显处于不稳定状态。

（2）斜面上的积雪方位。在那些随季风而积雪的高山上，背风面常有大量积雪。例如，我国许多雪山的东南面就堆积有大量的冰雪。由于雪蚀作用，往往形成较陡的冰坡面，其侧面由于受日照的影响较大，易发生雪崩。

在风向不定的低气压型降雪的山区，可以根据降雪时的最强风向，推断雪崩易发生的位置。

在背阴坡面，特别是山谷较深较陡处，长期积存着大量的干雪，这些干燥雪和粗粒雪是持续不稳定因素，有这种雪的地区易发生雪崩。

（3）积雪量与雪崩。"大雪之年遇难多。"积雪少而寒冷的年份，要重点防范雪坡雪崩。新雪不间断地增加时，雪崩的危险性会更大，特别是在较短的时间里大量降雪时，雪层则更加不稳定。在这种时间登山，容易发生雪崩事故，特别是在低气压的降雪时尤甚。例如，1991 年 1 月 3 日发生的梅里事件，雪崩埋没了中日梅里登山队的 17 名登山运动员。据了解，当时该地在 3 日内发生了 30 年罕见的大雪，在短时间内降雪达 1.2 米厚。登山运动员的 3 号营地（海拔 5 100 米）的地形是三面环山，其东北是奶诺戈汝冰川的出口，堆积着经年的积雪，犹如巨大的固体河流悬在 3 号营地上方。当时这里处于低气压下，新降的大量积雪引发了这次雪崩。

（4）雪质与雪崩。低气压型的降雪，往往是开始下散粒（水蒸气在高空遇冷而凝结成的小水粒）或针状雪，在其上面的积雪处于极不稳定的状态，且散粒等的变态迟缓，所以不稳定状态保持得比较持久。在这种雪质条件下，较易发生雪崩。粗粒雪是在积雪内部生成的，它促使冰雪层不稳定，是构成雪板雪崩和干雪整层雪崩的原因之一。

（5）风与雪崩。风是雪堆形成的动力，强劲的风常是导致雪崩发生的重要原因。湿风，特别是焚风是极其危险的，它比单纯的高气温或日照等因素的影响更甚。

强风能将风上侧山脊的雪吹固而使之稳定，但寒冷的风却不能使雪堆稳固，有可能会生成雪板。湿风猛刮之后，有可能发生雪崩。

（6）日照、高气温、雨与雪崩。日照、高气温、雨是湿润雪崩、旧雪雪崩发生的主要原因。积雪期下雨更为可怕。例如，在昆仑山西段，地形相对高差可达 3 000 ~ 4 000 米。高山上积雪的深层和表层之间常常出现 10℃ 甚至更大的温差。这时，冰雪层内部便有水从较暖的层位移向较冷的层位，这种融雪水沿裂隙下渗，从而在陡峭处坍塌而形成雪崩。因此，日照等造成的雪层温差现象必须引起足够的重视。

（7）雪崩的偶发因素。雪檐的塌落、声音以及登山者的蹬踏等都可成为雪崩的引发因素。有时，别处雪崩的冲击波也会刺激邻区，常形成连锁性雪崩。对此，登山运动员应给予足够的注意。

（8）易发生雪崩的时间。雪崩易发生的时间，除前面提到的上午 10 时至下午 2 时的全天最高气温时间外，在日光开始照射雪坡的时刻（特别是前夜下了大雪）以及雪坡的日照西斜时，都易发生雪崩。

（9）步行时雪崩的征兆。当步行时感到脚下的雪面有下沉感或觉得有"鸣"的低音时，应注意周围的冰雪情况。如发现雪面产生裂缝或发现冰层从特定的层次滑动，说明积雪已处于十分不稳定的状态，雪崩危险已经存在，必须引起足够的注意，特别是在陡峭的冰雪大斜面上行进时。

3. 雪崩危险的防范

（1）防范的原则。雪崩发生虽说有一定的规律，但要完全掌握它是不现实的。首先是因为人们对雪崩的理论知识尚不完备，其次是因为雪崩的发生一般都很突然。一旦遭遇雪崩也不要过度惊慌，要利用自己掌握的知识和技术迅速脱险。日本登山界在这方面做出了一定的成绩，他们对雪崩引发的灾难类型进行了分析，并对引起雪崩的原因进行了研究，制订出了防范雪崩的对策。归纳起来应注意以下几点：

①登山前应注意学习雪崩的有关知识，了解登山地区过去发生雪崩的情况，并注意观察实地积雪的情况，对可能发生的雪崩进行论证，并研究出具体对策。

②目前雪崩的理论还很不完善，必须与登山时的实际情况相结合，防止判断上的理论化。当感到有雪崩危险时，躲避是理所当然的，但必须保持冷静，领队应采取果敢的对策，改变原有登山计划，将大家转移到安全地带。

③在计划执行过程中，要结合实际情况加强对雪崩危险的研究，及时判断登山途中可能发生的雪崩危险。

（2）应严格遵守的事项。

下雪期间或雪停后的第一天，不要靠近陡斜的坡面和雪堆，这时容易发生雪崩。实际上，大部分雪崩遇难多数是在这样的情况下发生的，特别是大雪后尤为危险。

在攀登的具体路段选择上，要尽量避开雪崩区。如果非经过不可，则要做好充分准备。通过的时间要避开雪崩多发期，如通过者不便观察，可在有利地形上轮流设置瞭望哨，以便及时报警。

通过雪崩区时要用鲜艳色彩的主绳结组，每人系上雪崩飘带。人与人之间的距离应缩短，组与组的距离应拉长，后面的人要踏着开路者的足迹轻声快速通过，以防止切断雪层而触发雪崩。

遭遇雪崩时，不要惊慌失措，首先尽快甩脱背包，将冰镐插入坡面并尽量握牢，以求身体不被裹挟滚坠。如果控制失效而被裹走，在滑动时应尽力用双手向上扒动，以使身躯浮在崩雪的上边。一待雪崩停止，未被埋没的人要尽快以主绳和雪崩飘带为线索，用雪崩探条寻找和抢救被埋没的人，被埋没的人要尽量在嘴的附近造成空隙，以延缓窒息。

如果无法得知进山前几周山区气象和积雪情况，至少要尽力了解 2～3 天里的降雪情况，以便防止干雪雪崩。长时间下雪时，要重点警惕雪坡雪崩。

在攀登时，遇上恶劣天气，应视作雪崩警报。宿营时，要选择绝对安全的地方；当感到不安全时，即使在深夜也要转移。

（二）冰崩

冰崩发生的原因和一般规律与雪崩一样。冰崩是山区现代冰川所特有的现象，其危害性和雪崩一样，一块拳头大的冰块从高处飞落，也可致人死命。容易发生冰崩的地方有悬冰川边缘、冰塔林中、巨大的冰洞中、直立的冰崖下等。

（三）滚石

经过风化作用而破碎的石块，在重力、风力的作用下，从山上滚落下来，称为滚石。滚石在没有植被覆盖的山坡上更易发生。滚石多发生在山区气温较高的午间，往往是一块石头滑动，带动千百块石头一起滚动坠落。发生过滚石的地方叫滚石区，其下一段也有大量碎石堆积。

登山者一旦遭遇滚石，不要惊慌，要观察滚石下落的方向，待滚石临近时再迅速躲闪，或利用身边的巨大岩石、陡坎等地形，避开滚石的袭击。在通过滚石区时登山者应戴头盔。通过滚石区时的要求和通过冰雪崩区类似。

（四）冰裂缝

冰川或冰坡上的冰体是依附于高低不平的地表之上的可塑性固体。由于冰川本身的运动及重力、压力等作用，在冰体下的地形出现陡崖及转折处，很容易形成各种裂缝。裂缝的深浅与冰层的厚度有关，一般都在几十米，深者可达百米以上。窄的裂缝只有十几厘米，宽的可达七八米。冰裂缝如果显露于冰面，为明裂缝；有的裂缝表面被冰雪掩盖，称为暗裂缝。暗裂缝对登山者的威胁更大。

登山者要特别警惕暗裂缝。识别方法有二：一是暗裂缝的表面覆盖物往往呈长条状凹陷；二是一段明裂缝的尽头与明裂缝的中间地段往往有暗裂缝隐藏。在裂缝区必须由有经验的运动员在前面用冰镐探路，并在暗裂缝两侧设明显标志，或打掉暗裂缝上的覆盖物，使之成为明裂缝。通过时或结组行进，或事先架设保护绳一个一个通过。万一有失足者掉入裂缝，掉入者不要惊慌，首先处理好背包和主绳的缠绕，进行自救，使下落停止，其他队员迅速进行抢救。

（五）高空风

高空风是高山上特有的自然现象之一。登山者往往把七八级以上的大风称为高空风。高空风往往将登山者的器材吹跑，影响正常攀登。同时，随之而来的低温严寒使登山者体表热量较易散失而发生冻伤，直接威胁登山者的高山活动能力。在高空风来临时应选择避风的地形等待，如判断高空风时间过长，应当机立断，迅速回撤到出发营地待命。

（六）山间急流

山间急流的特点是季节性强、落差大、流速急、河水中夹带着大量石块。由于山间急流距发源地冰川末端很近，所以水温较低。要穿过时最好逆流而上，寻找水道窄的地方涉水而过。涉水时可两人一组、三人一组互相扶肩而过，也可骑牲口通过，必要时也可以架设绳桥。

第三节　低海拔攀登常见风险与处理

一、昆虫叮咬

在野外为了防止昆虫的叮咬，应穿长袖衣和裤子，扎紧袖口、领口，在皮肤暴露部位涂擦防蚊药。不要在潮湿的树荫和草地上坐卧。宿营时，烧点艾叶、青蒿、柏树叶、野菊花等驱赶昆虫。被昆虫叮咬后，可用氨水、肥皂水、盐水、小苏打水、氧化锌软膏涂抹患处止痒消毒。

二、昏厥

野外昏厥多是由于摔伤、疲劳过度、饥饿过度等原因造成的。主要表现为脸色突然苍白，脉搏微弱而缓慢，失去知觉。遇到这种情况，不必惊慌，一般过一会儿便会苏醒。醒来后，应喝些热水，并注意休息。

三、中暑

中暑症状是突然头晕、恶心、昏迷、无汗或湿冷、瞳孔放大、发高烧。发病前，常感口渴头晕，浑身无力，眼前阵阵发黑。此时，应立即在阴凉通风处平躺，解开衣裤带，使全身放松，再服仁丹等药。发烧时，可用凉水浇头，或冷敷散热。如果昏迷不醒，可掐人中穴、合谷穴使其苏醒。

四、中毒

中毒症状是恶心、呕吐、腹泻、胃疼、心脏衰弱等。遇到这种情况，首先要洗胃，快速喝大量的水，用指触咽部引起呕吐，然后吃蓖麻油等泻药清肠，再吃活性炭等解毒药及其他镇静药，多喝水以加速排泄。为保证心脏正常跳动，应喝些糖水、浓茶，暖暖脚，并立即送医院救治。

五、冻伤

如果发现皮肤有发红、发白、发凉、发硬等现象，应用手或干燥的绒布摩擦伤处，促进血液循环，减轻冻伤。轻度冻伤用辣椒泡酒涂抹便可见效。如果发生身体冻僵的情况，不要立即将伤者抬进温暖的室内，应先摩擦肢体，做人工呼吸，待伤者恢复知觉后，再到较温暖的地方抢救。

六、蜇伤

被蝎子、蜈蚣、黄蜂等毒虫蜇伤，伤口红肿、疼痒，并伴有恶心、呕吐、头晕等症状。要先挤出毒液，然后用肥皂水、氨水、烟油、醋等涂擦在伤口上，或将马齿苋捣碎，汁冲服，渣外敷。也可将蜗牛洗净捣碎涂在伤口上。此外，蒜汁对蜈蚣咬伤有疗效。

七、骨折或脱臼

用夹板固定后再用冰冷敷。从大树或岩石上摔下来伤到脊椎时，将患者放在平坦而坚固的担架上固定，不让身子晃动，然后送往医院。

八、雷雨

不要在巨石下、悬崖下和山洞口躲避雷雨，电流从这些地方中通过时会产生电弧，击伤避雨者。不要躲在旷野中孤立的小屋内。离开高地。不要在孤树下避雨。远离金属物体。如果在游泳或在小艇上，应马上上岸。即便是在大的船上，也应躲到甲板之下。

第四节　高海拔攀登常见风险与处理

一、遇到雪崩怎么办

如果运气不好遇到雪崩，要尽一切可能防止被埋。如果可能，跑到雪崩区的边缘，因为越接近边缘，雪移动的速度越慢。把冰镐尽可能高地插入雪里作为保护点，以减缓被流动的雪拉下山坡的速度。大声呼喊以吸引注意力，当开始随流雪移动的时候，要尽可能处于流雪的上部，向一侧滚动有可能接近流雪的边缘。滑坠制动也会有助于减缓下滑。

如果被冲下山，就丢掉雪杖和装备包。当雪崩慢下来的时候，在面前清理出一块空间，深呼吸扩张胸腔，同时尽力让自己处于流雪表层，至少也要将一只手或者一只脚露出雪面，这样更容易被同伴找到。尽可能地保持平静，因为恐慌会消耗掉很多氧气，而这正是保持意识所需要的。

二、队友遇到雪崩怎么办

如果队友被流雪冲走，要记住最后一次看到他们是在什么位置。如果在同一区域可能再次发生雪崩，那么就不要试图救援。但是如果可以确保自身安全，就在最后看到他们的那个区域进行快速搜索，沿着坡下行寻找一切记号。可能是露出雪面的一只手或者一只脚、血迹衣物等。声音在雪中传导很差，哪怕是很近距离有人在喊也不容易听到，所以要注意听各种声响。

快速探测最有可能的区域，然后再做更系统化的搜索，用装备或者明显的雪堆在已经搜索过的区域做标记。如果人手够，这时候就派人下山求救。而在此之前，需要所有队员参与搜索，因为在最初的 15 分钟里，被埋在雪下的人生还概率是 90% 左右，而每过 2 小时，这个概率就下降 10% 左右。

发现幸存者的时候，需要给他们清理出一个通气孔，在他们胸部清理出一处空间以便他们轻松呼吸。接下来就可以把他们挖出来，同时要进行恰当的第一时间救护。用身体去焐，为其增加衣物，用求生毯包裹，这些都管用。如果有必要，呼叫急救人员将他们运离。

三、防护方式

（一）修建雪洞

雪洞最好修建在陡雪坡，这样只要往里挖很短的距离就可以向上挖生活区了。不过，有利于挖雪洞的雪坡所承受的雪也很重，因此容易发生雪崩，要注意周围的地形的特征以及积雪区的状态，如果需要的话就测试一下雪崩的危险系数。在有些情况下，尤其是在挑战更高山脉的时候，适合挖雪洞的地方可能就是冰河上端的裂缝或者其他合适的裂缝，当然，这需要花一些时间来扩大它们。

在雪中挖掘，湿气很大，应该穿一整套防水衣物，内衣穿薄点，这样就不会出太多的汗。手套可能会湿透，所以挖掘的时候戴一副旧的手套，这样挖完了还有一幅新的可以用。

雪铲的使用非常重要，要不然整个工程就要耗费很长的时间。可能你还需要用雪崩探针测试这个区域，以确保雪足够深，要不然挖不了多久就要碰到石头了。在硬雪条件下，可以用雪锯来锯断坚硬的雪层，还可以造雪砖来封闭入口。

挖掘雪洞的方法多种多样，这里介绍一种可以让两个人同时挖的方法。

先挖两个出口，在面前的雪坡上画出出口的形状，大概与肩同宽，120厘米高。这里就是最初的入口通道，不过其中一个后来会被堵上。通道直接通向雪洞内部，稍稍向上，一边挖，一边把残雪抛到身后。在扩大雪洞之前，挖洞的深度取决于雪坡的坡度和雪的状态。

挖出一段距离之后，就可以向上和向旁边扩大了，挖出一个合适的空间。睡觉的地方需要比进入的隧道高一些，这样可以保证空间里有一定量的暖空气，在挖掘的时候，冷空气会随着雪流动出去。如果工作的时候在脚底下垫一个塑料的露营袋，让碎雪落在上面，然后定期拖出去清空，就会令整个挖掘过程轻松很多。

有时挖掘的部分可能会和同伴挖的那部分接上，这时空间增大，就需要更有效地挖掘和清雪。在挖掘阶段的最后，碎雪会堆在进入的一条隧道里，完全把这个洞口封起来，这里就可以做一个方便的储存空间。

起居空间一旦完成，可以做成圆屋顶的形状。要确保挖出足够大的顶部空间，不要搞得过于狭促。保证地面水平光滑，否则晚上会滑倒。洞顶和墙壁应该用雪铲把或是戴上手套的手弄平，这样可以减少由于做饭或体温导致的洞内温度上升而形成的滴水。

可以切一些雪块，当成建雪洞的材料。还可以把洞口的大小缩小，尽可能地减少进风量。

井井有条意味着最后可以住得舒服自在，所以需要花些时间把事情做好。可以在墙上挖出一些长的储物架。由于衣服会从空气中吸收水分，因此不要随随便便把多余的衣服丢在架子上。装备也要放在塑料袋或是盒子里保持干燥。

把炉子放在雪洞的中间，靠近门的位置，这样可以防止气体泄漏，还可以让做饭时产生的有毒气体沉到通道里，再通到外面去，而不会一直积攒在洞中。做饭的时间会很长，因此要保证必需的食材和器具都要准备好。很多时候，人会在睡袋里操作，睡袋外面套一个防水透气的睡袋套来保暖，所以从睡袋里出来的时候要注意保暖。准备一些雪块放在锅里融化，花点时间等着雪块融了再加新雪。在煮饭的过程中，炉底通常会很热，因此不要让它接触到睡垫或是其他的东西，最好把炉子放在一块扁平的石头上。另外，还可以准备一块很轻的夹板或是类似的东西来放锅，这可以防止炉子把雪洞地面的雪融化而打翻锅。要时刻小心烧开的汤汤水水。照明可以用蜡烛，在一两层架子上放上蜡烛，就可以照亮整个起居空间。在架子的后面挖出一块地方做一个雪反射镜，光线就能被很好地反射出来。

还有一点很重要：雪洞的入口不要被堵上。夜间的大风可能会令积雪堵塞洞口，因此有必要经常起来把洞外的积雪清走，保持适当的通风。如果通道被切断的话，做饭就很危险，因为会释放出有毒气体，而没有新鲜空气，那是完全不行的。

如果要在夜间出去，要确保能再回到雪洞。即使是在能见度良好的情况下这也很难做到，更不用说下雾或是细雪末被吹得到处都是的情况了。在晴朗的夜晚，在一段距离之外可以看到雪洞里的烛光，可以以此作为标记。但是如果要在天气不好的时候外出，就必须在身上拴上绳子，这样才能找到回来的路。如果要在晚上出去，记得多穿点衣服，以防不能很快回到雪洞。

离开雪洞的时候要收拾干净，不要遗留下火柴、蜡烛头和塑料袋等物品。在离开之前要搜查一遍。粪便也是污染，所以要想着带走它们。找个结实的塑料袋来装，再放进一个结实的、有螺旋盖的塑料容器里，下山后找个合适的地方处理掉。

（二）紧急庇护所

当身处困境之中——也许是同伴受伤或是极端天气状况下无法前进时，必须确保自身的安全，紧急庇护所就是为此而设计的。在决定要挖棚之前，应该尽全力撤到山下或安全的地方，如当地的棚屋或是其他能住的地方。

修建紧急庇护所是件非常辛苦的工作，会消耗大量的体能。一般来说，工作时需要最少量的装备。可以让挖掘和修建工作变得简单的一切方法都应该充分利用，冰镐、板状雪锚、盘子或是午餐盒都可以用来挖雪。一把轻质的雪铲可以大大缩短挖掘的过程，建议冬季攀登的队伍起码要背上一把雪铲。

我们可以修建多种类型的紧急庇护所。大的石头后面经常会有积雪，可以把这些大石头挖出来修建庇护所；在林木线下面，尤其是杉树较低的树枝上经常托着雪，在树干下面就形成了一块庇护区域，我们也可以继续将这块区域挖得更宽敞一些。

1. 坐式庇护所

坐式庇护所与雪棚和雪沟相比，集热效率更突出，更舒服。修建这种庇护所需要挖出一面陡峭的雪堤，一般在雪槽壁或是凹入的地形区域可以找到。这个挖出的空间是用来坐的，人和雪的接触最小。入口很低，可以让暖空气保持在头部和躯干部分。

修建这类庇护所的时候先直直地挖进去，然后向上掘进，但这就意味着人需要一直躺在雪上，会感到很湿，如果在晚上也穿着同样多的衣服，这可不是个明智的做法，除非在软雪的条件下才能这么干。

在雪堤上凿出一条楔形的沟，与肩同宽，高度要保证头部处于表面之下。需要做出一个位子来坐着，当快挖完的时候，在雪沟的背面可以用挖出的碎雪来垒一个座位。沟挖好以后，需要在上面盖一个屋顶，防止雪落下来，同时保暖。在硬雪或板状雪的条件下，最好切出一些雪块，比雪沟的宽度要长一些，这样就可以放在雪沟上方做屋顶。可以一块压着一块地放，直到把雪沟盖住，只在底部留出一条很小的入口。要在庇护所的上方区域取雪块，这样雪块更容易向下滑到合适的位置。可以用任何手边的东西垫在座位上，如装备包的背部插板，坐下来的时候可以把脚伸到背包里。另外要在空间顶部做个标记，可以选用雪杖或是冰镐。

雪是很好的保温层，但需要周围有几厘米的空气层。不要把空气层挖得过大，否则保温系统就不会那么有效了。

2. 雪棚

在比较平缓的地区或者合适的陡坡，无法修建坐式庇护所的地方，还可修建雪棚或雪沟。雪棚又叫鼠洞棚，适用于可以用雪铲或是有其他方法可以运雪的情况。

首先把所有人的背包铺在地上，如果可能的话，在上面铺一层露营袋或雨布。在上面尽可能多地堆上雪，堆成一个大鼹鼠丘一样的雪堆。围着雪堆用雪铲或手把雪拍紧，然后在背风方向挖一个小口，把露营袋和装备包拉出来。里面可以再挖出合适的顶部空间，不要向上挖得太多，然后平整屋顶，防止滴水。

3. 雪沟

雪沟可以使人平躺在雪层之下，适合在平整坚固的雪面上修建。

用冰镐尖在雪地上划出一个大概的轮廓，大致与肩同宽，长约 1 米，然后把这个地方分成几个雪块挖出来。随后向下切，挖出下面的雪，给脚空出位置（如果做不到就得另外找个地方去挖一些更长的雪块）。把雪挖空之后，把几块雪块放回到顶部，爬进雪沟，然后再把其他雪块托着放下盖在雪沟上面。

当人平躺下来的时候，要注意使用其他富余的装备来减少身体与雪的接触面积。

课后习题：

1. 户外常见事故类型都有哪些？

2. 户外常见风险的应对策略有哪些？

3. 高、低海拔攀登常见风险分别有哪些？

第六章　户外安全原则

学习目标

1. 户外基本安全原则
2. 行前准备原则
3. 营地安全原则
4. 环境最小冲击原则
5. 户外急救原则

第一节　户外基本安全原则

一、户外救援原则

户外安全救援系统是户外运动遇险中采取积极措施的重要环节。

2016年6月，全国山地救援交流赛中，中国登山协会副主席王勇峰指出，中国登山协会将继续贯彻执行"以政府为主导、各地救援组织为骨干、社会参与"的指导方针，加快发布《山地救援队的注册管理办法》的进程，积极筹备中国登山协会山地救援委员会的成立，建立政府、山地户外救援组织和志愿者的联动机制。

当前，应当在我国建立统一的户外安全事故救援系统，发展政府、民间救援队和当地志愿者的联动机制。救援包括政府救援和民间救援两大类，其中民间救援又包括公益救援和商业救援。我国应当进一步健全和完善户外运动的救援体系，尤其是民间救援、公益救援队的发展。对于一些非重大户外安全事故，政府救援可能并不是必要的，出动政府救援反而造成社会资源的浪费，此时民间救援就是很好的方式。

一些事故多发的景区和地方，应当建立自己的救援队，救援人员以景区工作人员和当地的老百姓为主，这样救援人员熟悉当地的地形和各种情况，便于在突发户外事故时及时展开有效的救援。

针对民间救援发展中遇到的资金和合法地位等困境，各地通过政府财政拨款、社会捐赠、体育彩票和福利彩票等形式设立专门的救援基金，尤其是筹集社会赞助，为民间公益的户外救援组织提供经济方面的支持。简化民间救援团体的注册程序，减少不必要的行政审批，为民间户外救援团体的合法化减少障碍。

中国登山协会秘书长张志坚强调，在户外运动事故多发地建立专业的救援组织，是整个救援体系的基础和核心。据统计，以往的山地户外运动事故多发生在户外爱好者自发组织的户外自助游，且事故的发生地点有一定的集中性。因此，在山地户外运动事故多发地区建立专业的救援机构，能起到快速反应开展救援的作用，可有效完成救援工作，强化山地户外运动的安全保障体系。

目前，国内的救援体系尚不完善，基本以民间救援组织为主，有些地区在事故突发之后也会调派当地民警和消防人员参与救援工作。救援队伍未达到专业化、常规化和体系化。研究者认为，山地户外运动管理中心应加大力度完善山地户外运动救援体系。

首先，成立山地户外运动专门性救援组织。根据救援组织需求招募和培养各方面专业人才，成立山地户外运动专门性救援机构。对救援人员进行安全知识和救援技能培训，并积极开展救援演习。救援组织的组建应是政府资源和社会资源相结合。一方面，政府可成立专门性救援机构；另一方面，可广泛整合社会资源，呼吁和倡导山地户外运动爱好者自发组织救援组织，而政府则适当拨付经费维持救援机构的运营和对救援人才进行培养。为实现山地户外运动救援组织的专门化、常规化和有限救援资源的利用最大化，救援人员应由专职人员和兼职人员构成。一定比例的专职救援人员由政府设置岗位招聘入职，负责救援常规事务和救援任务；一定比例的救援人员可从社会上招募，有经验的山地户外运动爱好者可作为户外运动救援工作的志愿者。"老驴"们经常参加山地户外运动，熟悉山地户外运动项目和地形，对参加户外运动时的风险预测也有丰富经验，在开展山地户外运动救援工作时往往能发挥不可替代的作用。在香港山地救援案例中，不乏专门性搜救队救援未果而资深户外运动爱好者救援成功的案例。救援志愿者平日在各自岗位上从事自己的工作，业余时间可排班志愿加入救援组织，可在很大程度上节省救援机构开支。

其次，强化并普及安全知识和救援技能培训。安全科学是人类生产、生活、生存过程中，避免和控制人为技术、自然因素或人为－自然因素所带来的危险、危害、意外事故和灾害的学问。山地户外运动是一种挑战性和专业性强的高危险性体育项目，强化和普及山地户外运动参与者和救援人员安全科学知识和救援技能是大有裨益的，这不仅是促进山地户外运动健康发展的需求，也是保障人们人身安全的需要。对安全知识和救援技能的普及和强化，不仅适用于专门的山地户外运动救援人员，而且有必要面向山地户外运动爱好者。在山地户外运动风险事故发生时，时间上和地域上最接近风险事故群体的就是山地户外运动参与者自身。掌握一定的户外风险事故的自救和互救能力，对降低山地户外运动风险、保障人身安全具有不可替代的作用。

再次，重视和加强户外救援技术设备的研制。山地户外运动是一项具有高危险性的运动，而事故发生地更是危险重重。恶劣的气象、复杂的地形和植被都给救援工作的开展带来巨大的挑战。倘若救援工作开展不顺利，不仅无法挽救被困人员，而且可能牺牲户外救援工作者。2011年，18岁的复旦大学学生在安徽黄山旅游迷路，24岁的年轻民警在搜救过程中坠崖牺牲的例子就是惨痛教训。

最后，以点带面，构建户外运动救援网络。在完善户外区域救援体系和救援机制的基础上，以点带面，逐渐在全国范围内形成山地户外运动救援网络。这一户外救援网络体系由中国登山管理中心指导，借助网络平台与各地户外运动管理中心平行式信息和资源交互共享，当山地户外运动风险事故发生时，当地直属户外管理中心快速反应指挥救援行动。

二、户外安全保险原则

户外安全保险系统在我国的户外安全保障系统中属于事后赔偿和处理体系。户外保险能够为户外运动参与者、户外俱乐部和户外救援队降低和转嫁风险，解除其后顾之忧，为户外运动的安全、有序、长效发展提供有效的保证。户外安全保险系统不仅应当包括户外运动专项险，还应当包括户外运动救援的专项险。

针对我国当前户外运动保险"三少一高"即户外运动专项险种少、户外救援险少、投保人数少、保险费高的现状，完善我国户外安全保险首先需要中国登山协会与各大保险公司合作，开发适合我国户外运动和户外救援的专项险，将户外运动正式纳入商业保险的体系，开发出更多的户外运动专项险种。国家应当在政策层面为户外运动专项险的开发提供便利和红利，鼓励和刺激保险公司多开发适应我国当前户外运动的专项险；制定相关的行业法规，明文规定对于一些有风险的户外运动如高山探险、户外攀岩等项目必须强制性地办理相关的户外保险，为户外运动参与设立一定的安全门槛；加强对户外俱乐部和户外运动参与者的宣传和教育，树立"主动预防"的安全理念，摒弃侥幸心理，尤其是户外俱乐部应承担向户外参与者进行投保的宣传和推广责任，让户外参与者认识到户外保险的作用，养成购买保险的习惯，使得参与户外运动必投险成为常态；同时，应当加紧开发推出针对户外运动救援的专项险，解决当前我国户外救援人员无险可入、被拒投的尴尬处境。

三、中国山地户外运动出行信息登记与查询系统的建立原则

山地户外运动在我国迅速发展，其安全隐患问题也越发凸显。现有的山地户外运动安全保障体系下，尚未建立山地户外运动活动出行信息登记和查询机制。除少数中国登山协会注册的俱乐部对户外活动出行有备案外，大多民间自发组织的户外活动都具有自发性、灵活性，既无计划投保，其出行信息，如活动内容、出行线路设计、参与者情况（身体健康状况、个人及家庭联系方式等）等也均无备案存档。一旦出现风险事故，救援组织难寻其踪迹，救援工作开展困难重重。在以往的山地户外运动风险事故中，通常是户外运动参与者遇到危险发出求救信号，救援人员才开始搜集相关信息，展开救援行动。

当山地户外运动风险发生时，对参与者的救助是关键。快速的反应机制和救援行动是成功救援的关键。为此，研究者认为可从如下几方面建立和完善中国山地户外运动出行信息登记和查询机制。第一，做好安全和风险防范宣传，提高户外运动爱好者安全保障和风险防范意识，呼吁户外运动爱好者做好身体检查，并根据自身情况选择适宜的户外运动项目。第二，出台政策和文件明令要求山地户外运动俱乐部做好会员的个人信息管理，了解会员的身体健康状况，并指导其选择适合自己身体状况的山地户外运动项目。第三，要求俱乐部及会员在参与山地户外活动时做好活动出行信息登记，并对山地户外运动出行活动方案进行审核，对出行活动方案进行风险预测和评级，登记活动参与者的个人详细信息和出行路线、活动目的等。第四，规范山地户外运动网站，引导山地户外运动网站负责人在网络会员注册时便要求实名注册，并填写相应个人信息。呼吁并倡导网站自发性组织的山地户外活动利用官方渠道对山地户外运动的活动方案进行审核和风险评估，并在山地户外运动信息系统记录下详细出行信息。基于上述分析，山地户外运动管理中心需利用网络平台建立起山地户外运动信息系统，以供山地户外运动爱好者登记出行信息、进行风险评级，也便于山地户外运动救援组织及时查询风险事故当事人信息，进行快速救援。

第二节　行前准备原则

一、身体准备

（一）健康检查

为实现体能训练目标，在开始运动之前，首先要详细了解身体各部位健康状况，这一点对身体的健康非常重要，不适当的训练很可能损害健康。此外，还需要对自身的某些习惯如饮食习惯、日常活动和休息时间的长短等做一定分析。

1. 静息心率

静息心率（RHR）指身体完全放松时的心率，是迅速判断身体是否健康的标准。通过测定脉搏可以得到静息心率。脉搏缓慢有规律，表明身体健康；脉搏快而无规律，说明身体不健康。即使静息心率稳定，我们还必须了解自己在筋疲力尽时的心脏状态。

强健的心脏能使血液在身体内有规律地流动，通过释放身体与心理的压力可以达到调整和缓解脉搏的效果。如果心脏不健康，在面对身体和精神压力的时候，心脏就会加速搏动以获得身体所需要的更多的血液。这就好比汽车的里程表和加速器。对于一个健康的人来说，当加速器在"黑色区域"内保持正常状态的时候，里程表能够达到你想要的速度；对于一个不健康的人来说，当提高到一定速度时，加速器指示针很快就会进入"红色区域"，预示已经到了危险境地。

静息心率的测量方法很简单：数一数脉搏 1 分钟内跳动的次数；或者数 10 秒钟内跳动的次数，然后乘以 6 就可以得出静息心率。身体正常的话，心率应该是每分钟 60 次左右；如果身体非常健康，那么每分钟应该跳动 40 ～ 50 次。一般人的平均心率大约在每分钟 80 次左右，平均心率在每分钟 90 ～ 100 次说明健康状况不佳。当然，还要考虑到另外一个事实，女性的心率平均每分钟要比男性快 5 次。

还有其他一些因素也会影响到心率。例如，感冒或嗓子疼，心跳速度都会加快；压力增加或者感到焦虑和劳累的时候，心率也会增加；受到某些刺激，如喝咖啡或者喝茶，也会使心率增加。

2. 训练心率

训练心率（THR）是运动状态下心脏的反应，它也可以清晰地显示出身体的健康状况。和静息心率一样，也有很多因素会影响到训练心率，如劳累和训练过度。训练心率是指最适合身体运动和心血管工作的心跳速度。训练心率应该是最大心率的 70% ～ 80%。如果训练时的训练心率与上述理想值相差甚远，就说明心血管系统出问题或者训练不足，或者已经面临受伤的风险。

司机开车时要时常看转速表，跑步者也应该关注自己的心率，这样可以改善心血管功能，从而减少过度紧张带来的伤害及各种并发症。另外，与转速表相似，跑步应该尽量保持匀速跑。比如，登山跑或者在潮湿环境中跑步，速度降低，心率增加。跑步接近终点时，疲劳以及持续的心脏负荷会大大加快心跳，这时最好减缓奔跑速度，缓和心脏压力。高效的发动机应该以最小转速保持某一速度，健康的跑步者也应在某一特定心率情况下跑得更快。结束训练以后，可以用心率测量器测 10 秒的心跳，然后乘以 6 得到训练心率。

3. 最大心率

最大心率（MHR）是指心脏不能满足于氧气增加时所产生的心率，或者最大的跳动比率。估算最大心率，用 220 减去年龄即可。如果有心率测量器，可以进行两次 3 分钟的急速跑，每次跑后测脉搏跳动次数，得出的平均数即是最大心率。这两次跑步之间需要进行放松休息。这种测试只能在身体健康并且经过充分热身的情况下进行。

（二）伸展运动

伸展运动可以缓解肌肉的紧张程度，使肌肉更为灵活，同时改善血液循环。正常的热身运动可以舒展腿部肌肉，增加步幅，使人跑得更快。伸展运动的基本原则并不是通过运动使肌肉紧张，而是放松紧张的肌肉，使肌肉更加灵活。最好的办法是温和稳健地按压紧张的肌肉。

紧张的肌肉保持大约 30 秒钟的伸展运动，然后依次重复，疼痛会渐渐消失，之后机能逐步加强。越野跑中，经常需要跨越篱笆或者跳过沟壑，只有肌肉灵活，才能防止突发的抽搐。跑步之后进行伸展运动，可以使运动中变得紧张的肌肉逐步放松。身体各部位的伸展运动练习有各自不同的方法。

（1）小腿上部伸展练习。离墙面 1 米站立，双脚平放着地，身体前倾，双手掌扶墙，两臂垂直于墙。一侧腿弯曲膝盖，同时侧脚跟离地，另一侧腿直立，脚底平放着地。弯曲肘部，向前倾斜，直到感觉直立侧小腿肌肉伸展。换另一侧腿重复这一动作。

（2）小腿下部伸展练习。靠墙站立，身体不必前倾双手就可以接触墙面。一侧脚平放着地，另一侧腿弯曲。如果同时身体稍微向下蹲，可以加强伸展幅度。

（3）髂胫骨伸展练习。一侧手扶墙直立，将一侧脚绕在另一侧脚后。左手掌抵墙支撑身体。右侧膝盖和右侧肘伸直，臀部向墙面倾斜，应该感觉到沿左侧大腿有拉伸感。换另一侧腿重复这一过程。

（4）腹股沟伸展练习。坐直，双脚底相对。手接触双脚，肘靠在膝盖或大腿处，背部保持挺直，用腿部肌肉使膝盖向外朝地面展开，此时会感觉腹股沟得到伸展。双脚距离身体越近，拉伸感越明显。

（5）臀部伸展练习。平躺，左腿伸直，右腿向髋部弯曲。将右脚跟转向左髋，用左手抓住右脚踝，右手抓住右膝盖。向肩部方向拉伸右腿，直到感觉右侧臀部得到伸展。重复这个动作，伸展左侧臀部。

（6）大腿伸展练习。俯卧，一侧腿伸直，另一侧腿弯曲 90°。用双手抓住抬起一侧的脚踝，拉伸弯曲的腿，直到感觉大腿肌肉的伸展。重复这个动作，换另一条腿。

（7）股四头肌伸展练习。直立，一侧腿弯曲，从身后握住弯曲侧脚，被双手握住的脚逆着双手方向用力，感觉大腿前部拉伸。或者背部靠墙，拉起一侧脚，在身后抬起，脚掌靠墙平放，向后倾斜身体，直到最大限度。两腿交叉练习。

（三）体能储备与训练

1. 跑步

跑步是大部分运动的基础，优秀的户外运动者都把跑步作为基础训练。跑步过程中必须记住既不能训练过度，也不能训练不足。逐步增加训练量，让身体逐步适应并日益强壮。如果训练量增加过快，效果会下降，令人筋疲力尽，并且损害健康。快跑一定距离对身体状况的改善效果，要好于慢跑 2 倍距离所带来的好处。正确的做法是在长跑的过程中采用一定的快速跑练习。速度的变化调动了快速收缩肌，并增强人体加速运动的能力。跑步训练过程可分为速度不同的多个阶段，身体可以获得不同速度和耐力的训练，而不必限于一种模式。

2. 法特莱克训练法

法特莱克训练法是瑞典中长跑教练员古斯塔·赫迈尔创造的，瑞典语的意思是"速度游戏"。从本质上讲，它是指在跑步的过程中加速跑与慢跑交替进行，速度比较随意的一种方法。其训练方法主要是利用自然环境如田野、树林、沙地等进行行走、慢跑、快跑的练习。参加者可以根据自己的感觉决定加速、放松的时间和距离。这种训练的特点是利用自然环境以及游玩心态使人放松。比较典型的方法是提高速度，直到到达某棵树、某个交叉路口或者田地的另一边时降低速度，当感到已经放松身体与心态的时候，再提高跑步速度。这种训练的好处是在军事训练或耐力比赛中，当有追赶竞争对手的机会时，能够为身体能量做储备。就好像让自己的身体从第五挡降到第四挡、第三挡，并且在加速时提供身体上的能量储备。

3. 山地训练

在距离固定的情况下，山地训练是提高训练效果最有效的方法。山地训练对身体素质提出了相当大的挑战，相当于在奔跑的同时举起等于体重的重量，使得肌肉必须承受更大负荷。山地训练可以提升肌肉长距离、大负荷运动的能力。道理非常明显，山地训练是为登山做准备，这是在所有的冒险中都会不断面对的情况。如同动力不足的汽车在山路上蹒跚爬行，登高也会使许多人的运动速度放慢，这就是登山好手超过其他训练项目对手的优势所在。虽然有些人在平地上跑得快，但登高会降低他们的奔跑速度。山地训练使得受训者能够利用山坡地形在竞争中居于优势地位，或者至少在增加难度的情况下仍然能够遵守原先的时间表。

4. 阻力训练和速度训练

阻力训练和山地训练一样，能够提高肌肉的负重能力。身体适应了训练中的负重，也就为实战任务做了更充分的准备。和长跑一样，阻力训练也应该注意过度的负重训练会使受训者养成脚步缓慢、步履沉重的跑步习惯，这对要求速度的定时跑和耐力跑都是不利的。因此，阻力训练应该成为多种类型训练方式中的一种。

速度训练主要有 100 米、200 米和 400 米速度训练，各有其特殊技巧。在原有的训练计划中穿插速度训练，并不会有负面影响。如果没有天然的场地进行奔跑训练，可以在健身房使用脚踏车训练。

5. 负重训练

负重练习能够强壮肌肉、增加力量。上肢力量是否强健，可能意味着是荡过横架还是掉进冷水。负重训练对于要求速度的奔跑十分重要，强健的上肢有助于提高跑步速度，改善奔跑的状态。手臂摆动与下肢的运动有直接关系。虽然每个人的奔跑方式不同，尤其是上臂摆动的方式不同，但毫无疑问，在冲刺的时候，强壮的上身和有力的手臂能够显著提高运动员的奔跑成绩。在凹凸不平的路面上，强壮的上身还有利于跑步者保持身体平衡。良好的腿部肌肉就像减震器，在路面崎岖或者下坡时能够降低受伤风险。

常见的负重练习方法有以下几种。

（1）一侧膝盖和手放在平凳上，另一侧手握哑铃。握哑铃侧手臂向上抬起，与肩平，放松手臂，与地面垂直。还可两手握哑铃，置于身体两侧，轮流举起至胸部高度。

（2）两手握哑铃于体侧，交替上举至体侧位置，然后放松，身体保持正直。上身前屈，背部保持平直。双手持哑铃同时侧平举，直至与地面平行，然后放松。

（3）垂直下拉训练。两手握住握柄，完全利用臂部肌肉力量平缓用力下拉，小心放松握柄，不断重复此动作。

（4）仰卧推举训练。仰卧，肩膀位于杠铃下方，背部保持平直，向上推举杠铃直至手臂伸直。

（5）杠铃抓举训练。握杠铃后站立，手臂伸直，背部挺直，缓慢将杠铃放回地面。这一训练能够强化背部肌肉和股四头肌。

（6）股四头肌训练。背部挺直，坐在板凳上，手臂紧贴于身体两侧。用胫骨抬起重物，直到膝盖伸直。缓慢平稳放松，重复此动作。

这里特别需要提醒的是，如果身体不适或心脏不适，进行负重训练时必须十分谨慎，听从医生和教练的建议。此外，负重训练不应该和健美运动混淆起来。负重训练是指不断重复比较适中的力量；而健美运动则是在短时间内的高强度训练。负重训练是为了在各种运动中达到最佳状态而进行的全身肌肉训练，目的在于增强肌肉耐力；而健美运动的最终目的在于增强肌肉力量并增大肌肉体积。负重训练是使肌肉组织的血液供给增加，从而增强了肌肉的耐力。

对某一肌群反复进行负重训练，能够增加该肌群的力量和耐力，然后运用其他器械训练另一组肌群。总之，为了达到最佳效果，每一种训练应至少重复3组。训练间隙穿插跑步或者其他训练，可以使肌肉获得休息时间，使肌肉组织在训练间隙得以恢复。开始某一项运动之前，为了获得更好的运动效果，值得花时间思考自己需要发展的特定肌群。比如，游泳的训练重点在肩部和手臂肌肉，而跑步则集中发展腿部肌肉。

6. 循环训练法

循环训练法能够增强体力，并适宜与跑步、游泳等其他运动配合进行。循环训练法能够强健肌肉，增加肌肉相对于脂肪的比重，而不增加总体体重。这就意味着人体承受的重量是有用的重量。肌肉增重促进新陈代谢，这使得脂肪消耗更快。阻力训练以及其中的循环训练还具有降低身体受伤风险的好处，并且帮助改善身体协调能力，增强信心。当然，最重要的是能够增强力量、强化意志。

循环训练法综合各种力量训练，可以将其设计为一项特定的运动，提供全面训练和更大的可利用体能。通常每一个循环训练包括6～10组训练，训练之后应该让肌群放松。常见的循环训练方法有以下几种。

（1）蹲下，右腿在前，左腿在后，跃起；重新蹲下，左腿在前，右腿在后。

重复这个动作，然后将两腿的位置颠倒过来训练。

（2）躺下，腿伸直，双手交叉抱头。举起一条腿，向上拉躯干，使另外一只胳膊接触伸起的腿的膝盖。换方向重复这一动作。

（3）跪下，膝盖、肘部和前臂平放地上。右踝放松，左踝缠绕在右踝上，背部挺直，慢慢举起左腿。重复另外一条腿。

（4）跪下，膝盖、肘部和前臂平放在地上。背部挺直，左腿踢出，完全伸直。重复另一条腿。

（5）俯卧撑。背部持续挺直，手掌俯地，与肩同宽。弯曲肘部，直到下巴贴于地面，然后伸直胳膊，注意肘部不要紧锁。

（6）手放于臀部，膝盖弯曲，下蹲，再次站直，背部完全挺直。重复10次。

【小贴士】

俄勒冈循环训练起源于美国，是一种极好的户外训练形式。

（1）蹲在地上，右腿在前，膝盖接触胸部，左腿在身后伸直。跳起，再恢复蹲姿。换腿重复进行。

（2）躺下，双膝弯曲，双手抱头，背部离地，直到双肘碰到双膝。

（3）躺下，双腿弯曲，双脚平放于地面；抬起一条腿，伸直。另一条腿重复相同动作。

（4）俯卧撑。背部持续保持笔直，手平放于地上，下巴朝向地面，肘部弯曲，然后再伸直。注意不要锁住肘部。

（5）手由两侧向上画弧，跳起，同时伸起双臂在头上击掌。重复这一动作。

（6）躺下，双手放于头上，举起一条腿，向上拉伸身体，另一侧肘部接触膝盖。换方向重复这个动作。

（7）双手放于胯上，曲膝下蹲，再次站直。

二、心理准备

一旦决定全身心地投入户外运动中，就必须做好一切准备。当感觉到自己变得越来越强壮时，也会从中享受到一种成就感。

（一）热情

克莱斯勒汽车公司奠基人沃尔特·克莱斯勒曾经说过一句名言："成功的真正秘密在于热情。"拉尔夫·沃尔多·爱默生也说过："没有热情是做不成什么大事的。"那么，什么是热情呢？这个词实际上意味着"精神""精神状态"或者"为精神所激励"。热情澎湃的人往往非常专注，甚至是达到了不可思议的地步，能够克服各种困难和障碍。

并不是每次户外行动都能获得快乐的感觉，至少不会在行动刚刚开始的时候。也许在很多情况下，人的内心能感受到快乐，但这并不意味着他就是一个真正快乐的人。真正快乐的人就算事情状况不佳、看不见希望，仍能保持平静。从本质上讲，快乐是指能够看到事物积极的一面，即使情况不好，未来看上去很灰暗，仍能努力去争取积极的结果。

快乐是一种友好的态度，有助于相互合作，因此，一个快乐的人也是一个团队中真正的财富。由于快乐，人们更容易忘记自己的困难，更容易激发自身的创造性，这有助于处理遇到的各种问题。

（二）沉思和镇定

通过沉思来重新集中精神和获得精神支柱，这是需要花费时间去计划和行动的，要尽可能地从常规机械的生活模式中走出来。沉思的另一个好处是可以消除一些消极的个人情绪。就像丛林中负荷前行的人一样，我们常常想松开背上的袋子休息一下。我们以某种方式感到了自由，即使只有一小会儿，也可以发现一些生命的本质。

沉思的本质是使自己的思维平静，集中到某一点上，清除那些平常充斥于头脑中的纷繁混乱的事物。我们可以在一天之内的多个时间段或者一段稍长的时间内进行练习，通过练习养成长时间沉思的习惯。持之以恒的练习很重要。

（三）服务他人

任何一个接受户外训练计划的人都要进入训练期。在队伍里，一个人不能只为自己，还要为他人提供服务。一个人如果认为必须始终处于胜利的巅峰，认为打败别人是当务之急，那么就需要改变一下自己的态度。

胜利有两种不同的类型：一种是击败了其他人，得到了全世界的认可；另一种是坚持自己的原则，能够处处为他人着想。户外训练计划不仅考验个人的成就和耐力，而且考验团体合作精神。在训练中，除了那些表现出色的队员外，能够真心帮助同伴的人同样会得到肯定和认可。

（四）信心

"信心"一词可译为"with"和"trust"。信心十足地做事情意味着充满激情地、全心全意地执行任务，而不是自我怀疑或自我摇摆，这是户外运动人员所要具备的品质。充满信心的益处显而易见，有信心的行动总是能够引起他人积极的回应，能够让我们在实践的新领域中保持积极的态度，给予我们掌控新环境的信心，赋予我们前进的力量。我们可以用信心把自己向无经验的世界推进，进入未知的领域。在这个领域，我们需要坚强起来，尽可能地从过去的经历中吸取经验教训。

另外，许多事以及我们对待事情的态度，都可能阻碍我们的步伐，影响我们的表现。表现突出者和落败者的区别在于，所有的因素都可能影响到后者，而前者则会集中内部的力量继续前进。为了获得信心，我们需要用一个"我能"的态度去做事。

（五）锲而不舍与忍耐力

进入未知领域或从事一些引起惶恐的事情需要勇气，在困难中，顺应环境，保持耐心和坚韧，继续前进，决不后退，这就是勇气。

锲而不舍和忍耐力是勇气的外延。锲而不舍与坚持有关，也与决心和忍耐力有关，它们都否定失败、否定放弃。美国发明家托马斯·爱迪生曾经说过："我们最大的弱点就是放弃。成功的方法无疑是不断地进行尝试。"对于爱迪生来说，每次成功前都要进行无数次的尝试。事实上，只有一件事我们应该放弃，那就是放弃本身。

忍耐力既是一种积极的品德，也是一种被动的品德。忍耐意味着尽管事情看起来糟糕，但也要继续保持斗志；意味着整天在雨中训练，整夜挖掘沟渠，待在水中；意味着能够忍受寒冬酷暑；意味着一天接一天、一周接一周坚持严格的训练。有忍耐力的人与没有忍耐力的人的区别在于前者能从泥沼中爬起继续前进，而后者不能。

（六）乐观

积极思想能够使身体充满活力；而消极思想只能使人感到精神消沉、萎靡不振。积极思想与身体的相互协调，有助于为任何机会做好准备；相反，消极思想或焦虑会影响自身能力的发挥，降低工作效率。因此，个人的表现与我们如何思考有关，只有当思维清晰、发挥到最佳水平时，身体状况才能表现得最好。

如果思想不能指导行动按准确的方向前进，就算能力再出众、身体再强壮、效率再高也没有用。通过思考潜在的问题，避免精神紧张，我们能够强化自己的思维，在现实中尽情地表现。然而，这里可能有两个问题：一个是认为"自己不能成功"的想法，另一个是过高估计自己的错觉。这两种极端都会导致成功准备阶段的缺失。前者是因为认为自己永远做不到，所以不会适当地准备；后者是过于有信心，认为没有必要而不去做适当的准备。

日常生活中，无论我们的计划多么完美，都会发生一些无法预料的事情。面对意外事件，不必耗费精力与失去控制的状况斗争，而是应尽量利用它们，等待下一次机会的降临，这样才更有可能成功。因为事情没有按照原定计划进行而表现出的不耐心和愤怒会使人们更快地陷入困境，无法看到意料之外的潜在机会。

负面事件突然出现，消极的想法会把它看成是无法跨越的障碍。消极的人只会预想消极的结果，并把困难的环境当作自己理论的证据；而乐观者不仅会期望好的事情发生，而且能充分利用障碍或者尽力去寻找能够克服困难的方法。对于乐观者而言，消极事情没有意义，他们会一直努力，直到出现更积极的因素。

处理消极想法或情绪的最好办法，不是纵容或斥责，而是抛弃。如果与消极想法为敌，它就会产生力量；如果忽视它，最终它会悄悄溜走。进行积极的思考，就会感觉到身体产生的变化：精力变得充沛，思维开始具有创造性，好像世界突然充满了各种各样的可能性。

面对所有的事情，不论是好的、坏的或者无关紧要的，都充满感激，这是培训积极心态的一个好方法。悔恨过去是一种消极的思考模式，我们要时刻提醒自己：过去无法改变，但现状通过努力可以改变。有人认为，如果换一个环境，如阳光明媚的乡村，一切都会更好。但事实并不总是这样，因为这些人总是带着情绪生活，而改变情绪比改变环境更有效果。

（七）冒险

即使拥有上面提到的所有优秀品质，在生活中仍然避免不了要冒险。不愿冒险是一件危险的事情，那会使我们停滞不前。冒险的最大障碍就是害怕失败，人们不愿意冒险是因为不想在众人面前失败，或者他们不想降低在他人眼中的身份和地位。完美主义者希望任何事情都绝对正确，因此，他们往往无法迈出冒险的第一步。

渐进是进行冒险的一个方法。以目前所处的位置作为起点，每天不断增加难度，我们所经历的环境就会不断扩展，就会获得更多的信心。不要把自己一下子置于无法驾驭的环境中，这需要一个循序渐进、克服恐惧、增加信心的过程。冒险就是判断失败和成功的机会，然后按此方向前进。它绝不是愚蠢地用失败证明自己的正确。冒险最基本的心理因素就是，尽管自己可能已经处于失败的边缘，也要坚信自己能赢。最终，冒险将给我们成长和前进的机会。即使失败了，我们也能从中学会一些事情。如果有机会做一些准备，可以从头再来。

（八）思维结构

心理训练的原则就是克服由于一系列外部原因而导致的情绪改变。心理训练的本质是心理的一致性，如果缺乏心理的一致性，人的状态就会漂浮不定。真正经过心理和体能训练的户外运动者，即使在情况恶化时仍能保持一贯的状态，而绝不是经不起困难的考验。

大多数情况下，不是外部事件引起我们情绪的改变，而是我们对外界环境的反应导致了情绪变化。要学习优秀的品质，如耐心；并且在必要的环境中实践，如在排队等待时培养耐心。这样，发生一些重要事情时，就能做好更充分的准备。我们要在所有环境中都养成感恩的习惯，在每一次意外或困难的事件中发现潜在的机会。

与事事谨慎的人相比，如果能训练自己忽略无法预知的烦恼的能力，户外运动者将会处于一种更好的状态。当事情向好的方向发展时，态度摇摆不定的人并不能总是保持积极的态度。他们会在任何时候都产生消极的想法，给本来积极的事件蒙上阴影。当这种习惯控制了他们，他们就会越来越多地被自己消极的情绪所控制。而且，越是纵容这种消极的想法，它的力量就会越大。

三、器械准备

以下将笼统地介绍了各种户外装备的用途和使用方法。读者可以根据自己的出行计划，有针对性地配备相应的物品。

在出行前选择物品时，建议首先考虑以下几个问题。

（1）活动性质：是郊游还是探险？是登山还是穿越？是业余的还是专业的？

（2）出行方式：有交通工具还是徒步？需要徒步的地段大约多少千米？

（3）起止时间：计划行程是几天？如果有意外，可能会延迟几天，大约几天返回？

（4）人员组合：是随团出行还是自助？同行者共多少人？如果是一队人出行，组织者会提供怎样的后勤保障？

（5）身体状况：目前的身体状况如何？在野外期间，身体可能会出现怎样的状况？应该带上什么药品和卫生用品？

（6）气象情况：目的地的气象情况如何？那里的生态环境怎样？

（一）野外宿营用品

1.帐篷

帐篷可以为露营者在野外建立一个临时的家，尤其是在雨雪天气，帐篷的作用更是不可替代的。对于露营者来说，正确选择和使用帐篷，是野外活动最基本的技能之一。

通常，帐篷主要分夏季使用、冬季使用、三季使用、四季使用和高山使用几种类型。夏季使用帐篷为单层，透风性好，多是由一层防雨顶棚和一层尼龙底层组成。这种帐篷通常有外帐，颜色较淡，不会因为日晒导致内部过于炎热而让人无法忍受，但其无法抵抗大风和大雨。冬季使用帐篷、三季使用帐篷是非雪季使用的帐篷，能抵抗强风，大多数帐篷有透气的尼龙内帐与防水性较好的外帐，帐门多为双层且较大，帐篷内部的湿气可以透出。这种帐篷适合于在森林或者不是过分暴露的开阔地使用。四季使用帐篷的材质较硬，能抵挡积雪与强风，帐门是比较容易进出的双门，这种帐篷的设计注重考虑空间和雪期问题，适于各种气候条件下使用。高山使用帐篷比较结实，能够抵抗突发的恶劣天气，重量较轻，容易携带，适合攀岩、登山人员使用。

帐篷的种类和款式很多，选择时需要考虑下面几个问题。

（1）野外地区属于哪种气候类型？如果是多雨的地区，所要配备的帐篷首先要有良好的防水性。防水性好的帐篷应该有较好的防水涂层，在缝合线处要有压胶处理。外帐下裙应该是稍微长一点的，底部的材料应该同样是防水的材料。

（2）选择的帐篷是用来探险、登山，还是偶尔去野外露营？如果是前者，它必须要非常结实。我们可以把选中的帐篷支起来，从不同的方向推推看，确定它不会轻易倒塌或折弯。

（3）外出方式。如果是一个人徒步旅行，选择的帐篷必须是自己能够负担的重量范围，不用太大，能够容纳一个人就可以。在售货员允许的情况下，钻进帐篷内，躺下去，打量一下内部，看是否适于又湿又冷的野外。

（4）颜色。最好是暖色，如黄色、橙色或者是红色，这样就不容易与外界环境的颜色混淆，便于其他人和自己识别。

2. 睡袋

帐篷是遮风避雨的，睡袋的作用主要是保暖。睡袋是把被和褥结合在一起的寝具。在睡袋的一侧有一个带拉链的入口，人钻进去后，把拉链拉好，仅在头部留一个通气的通道，看上去就像婴儿的襁褓一样。睡袋的意义是用尽量少而轻便的材料，为露营者提供一个温暖的睡眠环境。睡袋一般可分为两类，即普通睡袋和专业睡袋，前者用于一般的旅行和露营，后者则用于高寒或高海拔地区。

普通睡袋通常可分为信封式睡袋和木乃伊式睡袋。信封式睡袋可以打开当被子使用，但其保暖性差；木乃伊式睡袋按人体结构设计，从头到脚可以得到比较完美的保护。专业睡袋均为木乃伊式结构，这一设计带有头套，头部可以收紧，防止冷风吹入，上大下小，和人体的形状相符，睡袋的侧面有拉链便于出入，这种睡袋保温性较好。

选择睡袋应把握轻便、温暖、舒适与易挤压的原则。在选择睡袋之前，首先要了解不同睡袋使用的温度范围，即不同的睡袋都有各自的温标。睡袋的面料最好能有一定的防水功能，以防止睡袋被露水或者帐篷内凝结的水雾打湿，影响其保温效果。

3.防潮垫

到目前为止，还没有关于防潮垫的固定模式和行业标准。一般来讲，凡是能在野外宿营时起到防潮隔凉作用的天然或人造制品，都可以用作防潮垫。但是，轻便和便于携带应该是同样重要的指标。目前市场上出售的防潮垫大体上有化工材料和充气式两种，都不是太重。以少量的体积和重量换来一个舒适的睡眠环境，还是值得的。

有人不愿意在徒步穿越时带上防潮垫，主要不是因为它的重量，而是因为它的体积。一个实心的化工材料防潮垫卷起来至少有大腿那么粗，而充气的防潮垫又因为充气、排气而显得有些麻烦。在这里，建议大家使用防潮垫。使用防潮垫有益于我们的健康，因为冰冷的地面会带走很多体温，而阴冷的地气又会使人的肌肉和关节受损。

4.炉具

为了防止火灾，户外许多地方禁止使用明火。野外活动应自备燃料炉和燃料。餐具包括碗、杯、盘、锅、汤匙等。为了减轻背包重量，除合金制品外可选择塑料制品，或者带多功能性餐具。

携带餐具应注意以下几个问题：不是必须用的炊具就不要带上，个别常用的炊具如果重量太大也不要带上，而要想其他办法来解决；炊具越轻越好，要尽量把炊具的总重量减到最低限度；选择易清洗、不锈钢炊具，这样就不用为找水烦恼；尽可能把多个炊具重叠，以便最大限度节省空间；不要选择附件过多的炊具，因为在使用时这些附件易坏且易丢失。

（二）户外着装

1.鞋袜

户外活动的鞋子和靴子有许多种类，包括远足鞋、登山鞋、旅行鞋、雪地鞋、沙漠鞋、涉水鞋、攀岩鞋等。选择鞋子的时候，尽量选择有系带的，因为鞋带可以调节鞋子的松紧度，达到最适合的状态。有松紧带的鞋子达不到以上的效果，而且弹力太大又会影响血液循环。鞋底的防滑纹也是选择鞋子时不可忽视的指标。细小的纹理会在草地和潮湿的石头上打滑；粗大的纹理会增加摩擦力，影响行进速度。在选择鞋子时还要注意以下方面。

（1）鞋子的质量要好、重量要轻，不能选用笨重而又易损坏的鞋子。同时，鞋子的透气性和防水性要好，要有一定的防潮防寒功能。

（2）鞋子底部的厚度要适中，不能过厚，也不能过薄。鞋子的软硬要适中，太硬不适合长时间走路，太薄又容易被地面上的硬石伤及脚底。

（3）鞋底不能过窄，否则容易在走路时扭伤脚踝。鞋底还要具有一定的防滑性和耐磨性，以适应在各种地形上行走。

（4）如果有可能，尽量选择高帮的鞋（漂流等项目除外），这样在行走时可有效预防小石子、沙子及灰尘进入。

（5）根据在整个户外活动期间可能进行的各种活动如登山、攀岩、溯溪等的需要，准备相应的用鞋。

袜子对脚可以起到很好的保护作用，在日常生活中，人们普遍认为纯棉、羊毛的织物穿着舒适，对人体也有好处。事实也的确如此。但是，在野外活动中，纯棉、羊毛的织物并非首选。因为纯棉、羊毛的袜子在提供吸汗、保暖功能的同时，也有拉力差、排汗速度慢等缺点。10％的化纤制品不会对皮肤造成不良的影响，却可以提高排汗速度。建议选用天然织物含量为90％左右的袜子。

袜子的大小要合适。太小会影响血液循环，使双脚易于疲劳；太大则容易在脚掌处堆积、折叠，易形成水泡。袜腰的松紧也是选择袜子的一项参考指标。太松容易脱落；太紧影响血液循环。最佳的选择应该是不向下滑落的最松限度。袜腰高度至少要距离脚底20厘米，必要时，可以把裤脚塞进袜腰里，以防虫咬。根据户外运动时间的长短可以选择带多少袜子，如果是长时间的户外运动，建议带不低于5双袜子。

2. 服装

进行户外运动时，一定要做到分层着装，这是一种科学的着装方法。分层着装可以使每层服装之间有一层空气，每个空气层都是一个相对稳定的微气候带。在遇到寒冷气流袭击时，这些空气层可以阻止人体过快地损失热量。实验表明，用3件衣服的原料制作成一件相同质量的厚衣服，其保温效果只有3件衣服的70％左右。分层着装的另一个好处是可以通过衣服的增减来调节体温环境。在感觉到热时，减掉一件，可以防止出汗，从而保证服装的干爽，并减少体内水分的流失；感觉冷的时候，再把脱下的或储备的衣服加上，可以减少患感冒的概率，除了稍微麻烦一些外，没有坏处。

一般情况下的野外活动中，至少应该准备4层衣服，由内向外依次为内层、中层、外层、防雨层，即内衣、保暖衣、外衣和雨衣。

（1）内衣。选择内衣要注意两个问题：一是化纤的含量不能太高，含有化纤虽有利于通风和晾干，但如果含有过多的化纤成分，走久了，人就会有燥热的感觉，有时皮肤会有很强的灼烧感；二是不能选择纯棉的内衣，其吸汗后很难干，会感觉十分难受。所以，一定要选择专业的排汗内衣。

（2）保暖衣。它介于内衣和外衣之间，主要作用是保持体温，其次是把内层衣服排出来的水分向外输送。由于中层的主要任务是保暖，羊绒、毛织物应该是首选。为了增加排汗效果，添加10％化学纤维的羊绒、毛织物最为理想。

（3）外衣。户外使用的外衣必须同时具有很好的防风性、防水性、透气性和耐磨性，这是在户外进行各种活动及在野外环境下生存的基本需要。另外，外衣还必须十分合体，外衣过大、过小都会限制我们的各种动作。

（4）雨衣。在背包里准备一个塑胶雨衣是很有必要的。雨衣分单件式和两件式。如果只是在遇到雨时用雨衣来遮挡，单件式的比较好用，因为它不仅可以用来避雨还可以保护背包等其他物品，必要时还可用来搭建庇护所；如果需要在雨中工作或完成穿越任务，两件式的雨衣要比单件式的有用，配上雨靴，就可以在雨中前进了。

（三）头、颈部用品

1. 遮阳帽

用来遮挡阳光，防止紫外线伤害面部皮肤。遮阳帽一般都设计有宽沿，有舌型和牛仔型等不同款式，因个人喜好购置。

2. 头套

头套是在寒冷地区用于头部保暖改装后的帽子。头套可以防止体温从头部流失。科学家认为，人体的热量大部分是从头部流失的。头套不仅可以保暖、防止冻伤，还也可以减震、保护头部。

3. 护目镜

护目镜包括防风沙镜、防电弧镜、防偏振光镜、防紫外线镜等。有的护目镜具有多种防护功能，最常见的是把防风沙镜和防紫外线镜结合起来的综合性护目镜。穿越沙漠时，一定要戴上防风沙镜；雪地活动时，一定要戴上防紫外线镜。目前装备店里出售的登山眼镜多是综合性护目镜。

（四）手套

选择和准备手套要考虑季节和不同的活动需要。冬季，需要准备一双很厚、保暖性好的手套，最好外层为皮质而内层含毛。如果一双手套达不到保暖的效果，可以再准备一双稍微薄一点的手套，套在厚手套里层，与之一起使用。夏天，由于温度较高，可以选择露出半截手指的手套，它具有很好的通风效果。另外，不同的活动要有不同的手套：滑雪时，需要既保暖又方便的滑雪手套；攀岩时，需要摩擦力较大的帆布手套；进行其他户外活动时，需要其他特殊作用的专业手套。

（五）户外专用包

在户外活动，最好配备三种包，即大型的背包、小型的腰带包和袖珍型的救生包。这三个包里装的都是户外生存的基本物品，但它们的性质和作用各不相同。

1. 背包

背包有许多种，有一天行程的小型背包和为方便过夜而装睡袋的大型背包。小型背包装行李较少，重量轻，行走很方便。学生可用来携带随身物品。到野外露营，增加了睡袋、食品、药品等，就需要大型的背包。容积大小根据实际情况而定，具有背架和肩架，方便背负。装好东西，要试着背一下，看看左右是不是平衡，调整肩带以配合自己的身体。

大型背包内放东西时，不能把重的物品放在下面，否则人易往后倒；要将重物放于上面，脚步容易稳，可感觉到东西的重量。背包内放好东西后，要试着走走看，检查背包是否紧靠背部，是否有坚硬的东西顶着背部发痛，里面的东西是否稳固。特别要注意装平坦又柔软的东西作为缓冲。

2. 腰带包

我们外出时，一般在到达目的地之前都要乘坐一段交通工具。通常情况下，通往探险地区的交通工具本身就有比平常大的风险系数，加上糟糕的路况，发生意外的概率要比平时大些。即使是结伴而行，也有可能出现走散的情况。最糟糕的情况就是当一个人从一艘沉船上逃生到孤岛，正在得意于自己的游泳能力时，突然发现所有的装备都随沉船沉入了大海。同样的情况下，如果我们在跳海求生前，顺便抓起腰带包并系在腰间或者腰带包一直就在我们身上，接下来的情景将可能是这样的：我们打开腰带包，拿出里面的饭盒，发现它没有进水，于是明白了为什么刚才游泳时没有下坠的感觉；打开饭盒，我们发现了火柴，于是，开始寻找一切可以燃烧的东西，一小段蜡烛帮我们点燃了不太好点燃的朽木，最后烤干了湿衣服；饭盒里有一包牛肉干，于是我们开始盘算着每天用饭盒煮海藻时应该放多少肉。

3. 救生包

救生包是比腰带包更小的袖珍容器，与腰带包一样都是救命的宝囊。平时基本用不到它，但是我们去野外活动都必须带上它，而且要贴身保管，24 小时不能离开自己。从野外回来，救生包必须还在，如果不见了，我们必须检讨自己，并设计一个更好的携带方法。

　　救生包可以设计成能装进上衣口袋大小，最好是扁形的，以方便携带，以在上衣口袋里不碍事为原则。材料上没有要求，只要是坚固、防水、严密、易于密封就好。

　　救生包应该装下面这些小东西。

　　（1）火柴。火柴应该是被密封的，以免受潮影响使用。

　　（2）打火石。如果生火不是眼下十分紧急的事情，建议先使用打火石取火，这样做的好处是既节约了火柴又练习了生火技巧，给野外活动增加了许多乐趣。

　　（3）凸透镜。它有聚光的作用，可以聚集太阳光，引燃容易点燃的火绒。

　　（4）蜡烛。它在取火过程中的作用非同小可，在燃料不容易燃烧的时候，蜡烛往往是能否成功点燃篝火的关键因素。

　　（5）钢丝锯。它是一种可以卷起来的，上面有无数小齿的钢丝，可以用来锯木头等。

　　（6）鱼钩和鱼线。它用来钓鱼、制作尼龙套索。

　　（7）细金属丝。它用来捆绑、制套索捕捉动物。

　　（8）蛇药。这是野外工作者都了解的一种特殊药品。蛇药大部分是片剂，既可以口服又可以外敷，一般在特药商店有售。

　　（9）药品。根据自己的身体状况和所去地区的环境、疫情，适当选择对症的医药用品。注意：除非自己就是医生，否则，一定要征求医生的意见，尤其是处方药品更应该严格遵照医嘱。将所有准备好的药品集中在一起，做好防水、防潮处理。

　　（10）盐。野外活动，尤其是在夏季，会有大量排汗，人体很快就会缺盐。随身携带盐可以及时补充体内盐分，也可用来消毒。

　　（11）针线。它用来缝补衣服，必要时缝合伤口。

　　（12）消毒药品。它用来处理伤口、消毒。

　　（13）塑料袋。无论是野外探险、考察，还是一般意义的野外活动，塑料袋是野外工作者都离不开的必要物品。塑料袋既是轻便防水的容器，又是用途广泛的材料。

　　（14）水药片。它是处理饮用水的特殊药品，可以有效地消灭水中的细菌、变形虫等微生物或原生动物。

　　（15）创可贴。它用于面部和四肢的小型伤口。

　　（16）医用绷带、胶布。不仅能作为敷料还可以用于包扎，给养时还有捞取水蚤、过滤水的用途，也可以当绳子用于捆绑。

　　（17）食品。在负担能力允许的情况下，带上必要的食物可以令我们的体力更加充沛。

（18）自己使用的其他小体积物品。

这些物品可以在意外发生时起到意想不到的作用，尤其是腰带包也不在身上的时候，它很可能帮助我们走出险境。

第三节　营地安全原则

俗话说"手巧不如家什妙"。的确，没有适当的工具，许多工作没有办法或者很难完成。在户外生存时，虽然没有工具也不一定就没有办法生存下去（有许多人就是徒手在野外生存下来的），但是，完全没有工具毕竟很危险，活下来的机会也会减少，尤其是在恶劣的环境下。

一、营地安全原则之"生存之宝"——刀

刀在野外生存中的地位是任何工具都无法替代的。有经验的户外运动者都知道如何最大限度地发挥刀的作用，而且十分珍惜它们。许多老探险家称它们是"老伙计"，并随时把它们带在身上。一般来说，户外使用的刀主要有两种，一种是小刀，一种是大刀。小刀是指可以折叠的刀，这种刀具有多种功能，除了主刀以外，还应该有开瓶器、小镊子、猎人镰刀、锯子等多种小工具。大刀应选择匕首或弯月形的大而重的短刀，以刀锋全长 30 厘米、重量不超过 1 千克、末端深入木质把柄之中为宜。这种刀适于砍柴，并且能砍断相当粗的圆木，在盖棚子、扎筏时都有很大用处，还可以供猎杀动物及剥皮使用。

二、营地安全原则之宿营工具

（一）行军锹

行军锹的用途非常广泛，可以用来防御动物攻击，挖庇护所、排水沟，收集地表水时用来挖坑。如果准备长时间在野外活动，带上一把行军锹还是很有必要的。如果觉得不方便，可以只带个锹头，锹把在野外很好找到。

（二）钳子

一把小型的钳子并不很重，在许多时候都能派上用场，特别是搭建庇护所时，一把钳子和一卷铁丝会令我们得心应手。现在许多多功能野外生存刀打开后首先就是一把钳子，这要比单纯带一把钳子更方便。

（三）锯

搭建庇护所、生篝火、制作木筏时经常使用锯。但是带一把锯的确很不方便，好在现在许多组合刀具上都有一把短锯。如果没有这样的组合刀具，建议携带一条钢丝锯。我们选择钢丝锯的原因是它可以盘卷起来，便于携带又不占空间。钢丝锯甚至可以锯断很粗的木头。

三、营地安全原则之灯具与信号工具

（一）灯具

这里所说的灯具主要包括照明用灯具和求生用灯具两种。照明用灯具通常是手电筒，在户外使用应选择一个体积小、耗电量少且重量轻的手电筒。白天不用时，应将手电筒内的电池取出，这样不会浪费电。求生用灯具主要是指闪光信号灯，它可以在夜晚以及比较闭塞的地区引起营救者的注意，及时地让别人发现。闪光信号灯发出的光的颜色有别于常用照明灯光的颜色，通常为红、绿、蓝等色彩，而且亮度较高，所以平时不要随便使用，防止真的需要时电已经耗尽。

（二）信号工具

在野外，有时会遇到自己解决不了又危及健康甚至生命的问题，需要向他人求救。这时，如果手上有现成的信号工具就方便多了。

（1）哨子。哨子不仅可以用于队友之间的联络，也可以通过特定的声音组合发出求救信号。

（2）信号枪。通过信号枪可以发出信号弹，不同的信号弹色彩和组合代表不同的含义。但是，信号枪的使用受到一定的限制，一般适用于经过有关部门批准的有组织的大型活动。

（3）气球。颜色鲜艳的气球非常引人注意，用气球发信号是一个很不错的方法。气球一般都有很好的弹性，可以用来保存怕潮湿的物品，其性能优于塑料袋，即使被扎破，用线系好后也照样可以使用。另外，气球在关键的时候也可以用于装水、漂浮、捆绑、止血等。

（4）反光镜。小型的化妆镜、汽车后视镜等都可以很好地反射光线，借助太阳的光线可以向过往的飞机发出求救信号。

第四节　环境最小冲击原则

在日益倡导可持续发展、绿色文明、生态文明的今天，户外运动对环境带来的冲击更引人关注，然而当前我国户外运动参与者在活动过程中对环境、生态的保护意识薄弱，往往忽略环境保护。人们在参与户外运动中，往往只考虑户外参与而忽视户外自然资源的保护。户外运动必须以户外自然环境资源为依托，只有注重对户外环境和生态的保护，才能实现户外资源的永续利用，以及户外运动参与者与户外生态环境的和谐共存。

随着户外运动井喷式的发展，户外运动业内"低价"或"无价"利用开发自然生态环境被视为理所应当，对生态环境造成了极大的破坏。迄今虽然没有权威的统计数据来佐证户外运动对环境破坏的严重程度，但"户外运动游憩破坏生态环境的行为持续增长且无法得到有效遏制"的观点得到了普遍的认可。户外运动对环境的破坏是指由于户外运动而造成的向水源、土壤、大气等自然环境排放有害物质而造成的污染，如户外运动参与者和爱好者丢弃的绳索、废氧气瓶、旧帐篷、烟蒂、食品包装袋、空罐头盒等废弃物，以及由于不合理开发和利用自然资源造成的生态破坏，如对植物造成的不可恢复的踩踏或焚烧、在树木上使用器械或绳索、驱赶或捕杀动物、带入外地物种等。据香港《文汇报》2013 年的报道，户外登山者每年会给珠穆朗玛峰留下 50 多吨的垃圾，且冰川消融区的上限逐年上升，给当地的生态环境带来了很大的威胁。

一、无痕旅游发展简介

从 1965 年到 1994 年，户外活动的参与者数量增长了 6 倍。调查显示，1965 年有 990 万的美国人从事健行活动，到了 1977 年这个数字已经增加到 2 800 万。

高山湖泊被人类的排遗所污染；有些步道被侵蚀到及膝深；营地变得寸草不生，而且常常可以发现大大小小的垃圾……这些现象让土地管理者陷入两难，因为既要满足游客的需求，又要设法保护自然环境。

20 世纪 80 年代初期，美国森林部门的无痕旅游（Leave No Trace，LNT）初期课程开始被引介到其他户外活动课程。尽管关闭某些过度使用的区域、承载量管制和限定特定营地成为土地管理者重要的管理工具，但是对游客的环境教育才是更为有效的解决之道。

20 世纪 80 年代初期有无数低冲击环境教育课程，如"背上山的东西就得背下山""轻踏土地""只带走照片也只留下脚印"这样的标语，许多健行者耳熟能详。

1994 年，总部设在美国科罗拉多州博尔德市的非营利组织 Leave No Trace，Inc.负责所有无痕旅游单位的协调、颁发执照以及募款的工作。

二、无痕旅游的六大准则

（一）事先计划并准备

先打电话给所要前往地点的土地管理单位询问入园许可及有关环保的规定，对可能发生的状况要有所准备，携带适当的装备并且要知道如何使用。小心地计划使用所带的食物，这样才不会有厨余生成。将食物打包在可重复使用的容器内，以减少垃圾的生成。

（二）花时间寻找有利环保的露营装备

在旅游旺季不要去热门的路线；用一个轻巧的炉子生火；买一个有不透水底部的帐篷；买一个小铲子以备不时之需。

（三）在能耐受人类踩踏的地表行走及扎营

为了帮助缓和步道的踩踏及侵蚀问题，只在现存的步道上行走，而且尽量走在步道的中间，走成一条直线。当没有路径的时候，试着走在最耐踩踏的地方，如岩石、干草、砾石或是雪上面。

在热门路线，只在现存土壤坚硬、寸草不生的营地上扎营，将营地活动集中在已经受人类影响的区域。

如果在人类活动很少的地区，可将营地扎在一个从未使用的地点，而不要扎在受人类轻微影响的地方

（四）背上山的东西都要背下山

不要将任何食物留在营地，否则会干扰野生动物的自然行为。将装备有次序地摆放，这样不易把装备遗忘在营地。不要掩埋垃圾，因为野生动物会把垃圾挖出来。焚烧垃圾对环境也是不利的。适当地处理所有不能背下山的东西。

营地一定要离湖泊及溪谷至少 60 米，以排除污染物。要洗手或洗锅子的时候，将水拿到距离溪谷或湖泊至少 60 米的地方，用少量可生物分解的肥皂。用筛网过滤洗锅水，将水散洒在地上。

（五）留下所发现的任何东西

历史遗存是全民的资产，不要破坏这些地点，扎营时也要远离这些地点。在远处观察野生动物即可，而且不要试着喂食这些动物。避免破坏营地，不要在树

上钉钉子，或是用树干来做椅子。不要将石头或者野花带回家。

（六）将火的使用及对环境的冲击降到最低

生火会在土地上留下永久的痕迹，可以用炉子来生火。不要去折枯树或倒木上的树枝，捡拾柴火时只能捡比手腕还要细的树枝。离开时，一定要将火完全熄灭，而且要把没有烧完的东西通通带走，并将灰烬分散地洒在远离营地的地方。将听觉以及视觉上的干扰降到最低，尽量保持大自然以及营地的宁静。

三、无痕旅游有关卫生的基本原则

（一）挖出野外地区的人类排遗

研究者挖出 1～3 年前野外活动者所留下来的行军卫生间的排遗，想要知道这些排遗的腐化程度。这些研究有令人惊讶的发现：许多寄居其中的寄生虫还活着；这些排遗即使有腐化，也非常少。连公共卫生的权威机构都认为排遗能在一两个月内腐化，这与人们通常认为的排遗腐化速度有相当大的出入。

一项由美国蒙大拿州立大学所做的研究发现相同的事实，差别只在于这项研究是从猫洞中挖出排遗。研究人员把富含细菌的排遗掩埋在猫洞里，猫洞的深度 5～20 厘米，这些排遗被放置在 6 个不同的土壤环境及海拔高度中。一年后研究人员把这些排遗挖出来，发现这些排遗富含不同种类的致病细菌。

"把排遗埋得比较浅会让排遗在短时间内变得无害"是谬论。掩埋地点的不同，并没有造成研究人员所预期的差异，这样的结果似乎可以应用到所有的海拔高度。

研究人员的资料显示，期望排遗里面的细菌在猫洞里迅速死亡是不切实际的。病原体会以 3 种不同的方式传染给后来的露营者：与排遗直接接触、经由昆虫传染、经由水传染。

相对而言，尿液对环境的冲击就温和许多。研究发现，尿液对植物的冲击并不严重，但尿液会伤害树叶而且造成某些植物褐色化。特定种类的动物会被尿液中的盐分所吸引，很快地把植物吃光。

（二）公有地上的排遗管理

为了避免被排遗里的病原体感染而生病，在野外活动时要做到以下几点：①过滤饮用水；②在如厕后以及炊事之前，要把手洗干净；③把排遗掩埋妥当。

1. 处理排遗的方法

（1）事前计划。要计划好怎么做能让其他人和野生动物找不到排遗，怎么做能将水源被污染的机会降到最低，怎么做能让排遗腐化速度更快。

（2）利用猫洞。如果不确定如何处理排遗，猫洞是最被广为接受的处理方式。当挖掘猫洞时，最重要的就是地点。猫洞要距离水源、营地和步道至少 60 米，在有有机土壤（富含微生物）、阳光充足而且有些潮湿的地方挖掘猫洞，可以让排遗的腐化的速度最快。可以用铲子来挖猫洞，如能够挖掘各种坚硬地面的标准橘色塑料铲子，园艺用的铲子也可以，还可以用不锈钢而且有折叠把手的铲子。如厕后在猫洞里洒上一些土壤，然后用小树枝搅一搅以加速腐化，并且把小树枝也丢到猫洞里，用铲子把至少 5 厘米厚的土壤放进猫洞中，倒一点水到排遗上，可以减少一些气味。

2. 建立行军卫生间

如果和一群小朋友一起露营，或者一个团体在热门地区露营而且在同一个营地停留两天以上，附近也没有户外卫生间，这时挖一个行军卫生间或许是适当的。

行军卫生间必须在离水源至少 60 米的地方，至少要 30 厘米深，而且宽度要比深度还大，每一个人在如厕后都要洒上一些土壤。在排遗距离地表 10 ～ 15 厘米的时候，就要将行军卫生间关闭，埋上土壤。

在热门地区或者在极端脆弱的环境下，对土地最友善的方式就是把排遗背下山。

（三）卫生纸、尿液和其他卫生问题

1. 卫生纸

不应该把卫生纸烧掉，因为有许多森林火灾是由燃烧卫生纸所引发的；而要将卫生纸背下山，或者用大自然所提供的材料来做清洗工作。

可以用手套法：用一个塑料袋将排遗拾起，再放入一个可重复封存的拉链袋中。如厕后用手套法将排遗放入拉链袋中，装入广口水瓶背下山。

2. 女性的卫生问题

女性生理期时可以使用手套法来处理止血棉球和其他物品。湿纸巾在处理这些状况时特别方便，并且可以消除袋子内的气味。其他吸收气味的方法有放一片捏碎的阿司匹林，或者放一个使用过的茶包。把这些东西背下山，是唯一符合无痕旅游的做法。

3. 尿液

野生动物会被人类尿液里的盐分所吸引。沾由人类尿液的植物叶子会被野生动物啃食掉，用一点水把叶子上的尿液稀释，就可以减少这种情况的发生。小便时要离水源至少 60 米。

4. 盥洗

按照无痕旅游的要求，在大的湖泊、溪谷或河流里盥洗，不应当使用肥皂。

除了洗手之外，其他的盥洗行为在野外都不是必要的，而且都无可避免地会影响环境。任何盥洗行为都要离水源至少60米，而且最好在能耐受人类影响的地方进行。

如果使用肥皂，要确定其不含磷酸盐，而且是可被生物分解的。用盐或发粉代替牙膏，可以降低刷牙对环境的冲击。

四、健行的无痕旅游准则

（一）减轻对步道的侵蚀

先向土地管理单位询问步道状况，了解健行途中是否有任何限制进入的步道。步道的侵蚀情况严重时，土地管理单位会限制健行者只能行走在现存的步道上，不能离开步道行走。

一定要走在步道上，不要贪图一时的方便而走捷径，或为了避免泥泞地而离开步道。走"之"字形步道时，不要直切而上或下。

行进时穿着绑腿，行经泥泞地时依然走在步道上，如果为了避免弄脏鞋子而踮脚走或者绕边缘走都会加剧对步道的侵蚀。

如果步道的状况很好，步道又很平缓，背包也不太重，可以考虑穿着鞋底比较软的鞋子。

（二）在非登山步道的健行活动

尽可能选择能耐受人类踩踏的地方行走，尽量避免踩踏在泥滩地这类不耐踩踏的地表上。

离开了步道系统，地图定位的能力就越发重要，要有适当的技术、经验及装备才不会迷路，健行者需要做深入的考量。行进途中不能砍树皮、折树枝或者堆石头来弥补定位技术的不足。

在没有步道且人迹罕至的地方行走时，要尽量分开来走，这样能够将对环境的冲击分散。

中国登山协会倡导开展"安全、科学、环保"的户外运动，表明对户外环境和生态的保护开始在国内引起关注。但我国户外运动起步晚，户外参与者对于户外环境保护的意识较薄弱，这也与户外生态环境破坏成本低且缺乏相应的惩罚机制有关。户外环境资源的开放性和共享性导致人们将随意破坏生态环境视为理所当然，缺乏健康环保的户外意识，而在这种消极不利的意识势必造成越来越多的户外运动自然场地最终被户外爱好者抛弃。

安全问题是我国户外运动发展的生命线，构建一个有序、长效、健康、系统的户外运动安全保障体系，是实现我国户外运动可持续发展的根本保证。当前我国户外运动安全保障各方面系统已初步形成，但还不够完善和健全，所以应当根据我国当前户外运动安全保障的现状，结合影响我国户外运动安全的因素，构建一个适合我国的户外运动安全保障体系。应当成立专门的户外安全保障机构，并完善和构建户外安全政策法规系统、户外安全教育培训系统、户外安全预警系统、户外安全救援系统和户外安全保险系统，这五大系统共同作用、相互联系，成为我国户外运动的安全保障。其中，户外安全政策法规系统处于基础地位，指导和规范着其他系统；户外安全教育培训系统和安全预警系统是核心系统，直接作用于户外运动参与者，直接关系到户外运动参与者的安全；户外安全救援系统和户外安全保险系统是保障系统，对其他系统起支持和保障作用。

户外安全政策法规系统、户外安全教育培训系统、户外安全预警系统、户外安全救援系统和户外安全保险系统这五大系统组成的户外运动安全保障体系是一个政府、社会、公众联动合力的系统，是从管理者到参与者、从宏观到微观的全方位、多层次的保障体系，以政府为主导，社会发挥主体作用，政府引导社会和公众进行户外运动。

要确保户外运动安全保障体系的正常运行，必须加强户外运动安全保障各个主体和部门之间立体的、联动的管理与合作机制，主要以户外运动安全保障部门为核心，政府、社会、公众各个主体要发挥各自功能，联动合力。首先，要明确各个部门的职责，各地方以各自的户外安全保障部门为核心，各景区、国家公园、自然保护区，无论预警还是救援，由户外安全保障部门牵头和主要负责，联络沟通公安、消防等政府部门、民间志愿组织和志愿者，统一调配，分工明确，责任清晰，达到统一管理、分块协调。其次，要准确预警，尤其是对灾害的预报，安全保障部门要与气象、地质等部门合作，准确获取暴雨、洪涝、地震、火山等灾害天气，并对灾害可能引发的事故做出科学合理预测，通过研发的预警信息发布平台或者多种媒体进行预警，将户外运动安全事故发生的可能性降到最小。

第五节　户外急救原则

户外运动是一项拥有专业知识、设备和技术的运动。开展户外运动前，要进行充分的准备，如提前了解活动地区的地形、气候，考虑好交通、联络以及一旦出现问题时的救援等情况，还要有户外运动专业人士的带领，并配备专业的户外运动器材等。在提高安全意识的同时要掌握一些基本的户外急救知识，因为户外运动受伤在所难免，但如果处理得当是可以减轻后果的。下面介绍一些基本的急救常识。

一、止血与包扎

户外运动损伤后会有不同程度的出血。静脉出血是暗红色的，动脉出血是鲜红色的且呈喷射状搏动性涌出。对于静脉出血的外伤，我们可以采用局部按压法：先清洗伤口，再用干净的手帕、纱布等直接盖在伤口上，用手压住，如撒上云南白药，能更快奏效。如果是动脉出血的外伤，则一定要用止血带；如果没有止血带，可用手帕、毛巾、领带、围巾等代替。方法是在伤口靠近心脏的一侧，用止血带平整地缠绕在肢体上拉紧，或用木棒、筷子、笔杆等拧紧固定。记得每隔 1 小时松开几分钟，以免肢体坏死。在止血过程中，要保持伤肢高于心脏的水平线，这样可以加强止血的效果。

颈动脉在锁骨偏上一点，很容易摸到，若是头部及上肢的大出血，按住这里即可，但不能同时按住脖子两侧的动脉。肱动脉在胳膊的上部内侧，用手掐住，用双拇指向外上压可止下肢大出血。小腿部的动脉比较深，膝盖后部是大腿以下唯一能摸到动脉的地方，所以小腿受伤应该顶住膝盖后部来止血。

对内出血或疑似内出血患者，要使患者绝对安静不动，不可给予食物或饮料，要速将患者送往最近的医院进行救治。

二、人工呼吸

多数情况下，成人只要停止呼吸持续 4 分钟，就会因脑组织缺氧坏死而死亡。所以，人工呼吸是在患者不能进行自主呼吸时，向其提供所需氧气的最快速有效的方法。方法是抢救者处于患者的左侧或右侧，一手托起患者下颌，另一手捏住患者鼻孔，尽量使其头后仰，确保呼吸道畅通；然后深吸气，紧贴患者的口，用力将气吹入患者肺内，直至其胸部明显扩张，停止吹气，让其胸部自然缩回（必要时也可用一手压其胸部，以帮助呼气）。碰到嘴张不开的患者时可以堵住患者的嘴，改用对鼻子吹气。成人每分钟 14 ～ 18 次，儿童每分钟 15 ～ 20 次。若有心跳停止的情况，还可同时配合做心脏按压术。

当患者恢复了微弱的自主呼吸后，抢救者仍然要按他的呼吸节律继续吹气，或隔一两次进行一次人工呼吸予以辅助，直至医护人员赶到或患者呼吸完全恢复正常。

三、胸外心脏按压

胸外心脏按压术是从体外压迫停跳的心脏，人为地建立血液循环来激发心脏恢复跳动。这是极有机会使生命复苏的一种急救手段。

方法是将患者放在硬板床、硬木板或平整的地面上，令其仰卧。抢救者站在患者的一侧，两手掌重叠放在其胸骨正中 1/3 处，保持肘臂垂直向脊柱方向进行有节奏、带冲击性的按压，压后应立即放松，如此反复进行。注意手掌始终不要脱离胸骨。按压的频率是成人每分钟 70 次，儿童每分钟 90 次。

四、骨折的救护

骨折分没有伤口的闭合性骨折和有伤口、有肌肉断裂甚至断骨暴露于伤口外的开放性骨折两种。

一般的四肢闭合性骨折可用木板、竹条等代替夹板为伤者进行固定，原则是让骨折处保持稳定。要先固定骨折的近端，后固定骨折的远端；夹板必须扶托整个伤肢，骨折上下两端的关节均须固定住；要在夹板和肢体间垫上毛巾、软布后再用绷带或布条把伤肢绑上；绷带、三角巾不要绑扎在骨折处。在没有固定的情况下不可随意搬动伤者；搬运时，不能让骨折处有丝毫移动。

开放性的骨折要先止血，再包扎，最后再进行骨折固定，此顺序绝不可颠倒。若出血量大，必须在上臂或大腿上方用带子扎紧，每 20 分钟解开带子放松 2 分钟，直至血止住。若骨折是在非四肢的部位，要用手掌压住血管的上部靠近心脏的部位，阻住血的来源，直至血止住。对骨折端暴露于伤口外的，为避免感染，可用干净的手帕、毛巾覆盖后再予以固定。

对脊椎骨折的伤者一定不要随意搬动，应就地固定；如不得不移动，一定要多人配合，将伤者平托起，注意保持伤者腰部和腹部的平稳。颈椎骨折时，可用衣服卷起绕在伤者颈部，帮助支持颈部的受力；移动时，需有人捧住伤者的头防止摆动。

五、溺水的急救处理

发现有人溺水，应先脱去鞋袜及厚重的衣服后再下水救人。不要从正面接近溺水者，要从后面或侧面勾住溺水者的腋窝或下巴，并使其面部朝上高出水面，用反蛙泳或侧泳将其拖带上岸。将溺水者救上岸后，首先将溺水者衣领打开，迅速清除口、鼻内异物，使其保持呼吸通畅；然后救护的人以半跪的姿势，将溺水者的腹部放在膝盖上，头朝下，拍打背部，以倒出呼吸道及肺部的积水。如发现溺水者已没有呼吸，要立即施行人工呼吸；如果没有脉搏，须立即同时进行心脏按压。这样的救护需要耐心和信心。

课后习题：

1. 户外基本安全原则有哪些？
2. 行前准备原则有哪些？请举例说明。
3. 营地安全原则有哪些？请举例说明。
4. 如何使环境受到的冲击最小化？
5. 户外急救的方法和技术有哪些？

参考文献

[1] 张鹏飞，陆晶晶.我国户外运动研究 [J].体育成人教育学刊，2009，25（5）:47-49.

[2] 李舒平，邹凯.户外运动的风险管理 [M].广州：广东科技出版社，2009.

[3] 亓冉冉.我国户外运动发展现状与对策研究 [D].武汉：中国地质大学，2013.

[4] 操学诚，吴德祖.户外运动与青少年全面发展 [J].中国青年研究，2006（6）:24-27.

[5] 齐震.休闲视角下的户外运动 [J].沈阳体育学院学报，2008，27（2）:44-45.

[6] 孙永生，史登登.户外运动相关概念辨析 [J].体育学刊，2013，20（1）:56-59.

[7] 马欣祥，田庄.对户外运动概念的重新甄别与界定 [J].中国体育科学，2015
    （1）:140-144.

[8] 李红艳.户外运动的理论与实践研究 [D].北京：北京体育大学，2006.

[9] 李中华.我国户外运动安全现状及其保障体系的构建研究 [D].成都：成都体育
    学院，2014.

[10] 中国登山协会登山户外运动事故调查研究小组.2012中国山难报告书 [R].北京：
    中国登山协会，2013.

[11] 中国登山协会登山户外运动事故调查研究小组.2013中国山难报告书 [R].北京：
    中国登山协会，2014.

[12] 中国登山协会登山户外运动事故调查研究小组.2014中国山难报告书 [R].北京：
    中国登山协会，2015.

[13] 梁海燕，陈华.美国户外运动发展及其对我国的启示 [J].首部体育学院学报，
    2012，24（1）:64-67.

[14] 刘荣华，王华倬.户外运动游憩地生态环境破坏行为的负外部性成因分析和方
    策 [J].北京体育大学，2016，39（4）:29-33.

[15] 刘天虎，金海龙，吴佩钦，等.登山探险旅游安全保障体系研究——以新疆慕
    士塔格峰为例 [J].生产力研究，2010（2）:100-102.

[16] 俞谢亮，肖攀.我国户外运动安全及其相关法律问题研究 [J].法制与社会，
    2008（17）:241-242.

[17] 王莉，何世权，张慧峰，等 . 对北京市户外运动产业发展状况的调查研究 [J]. 北京体育大学学报，2005（8）:11-15.

[18] 王立平，孙妍，王磊 . 当前我国大众户外运动发展现状研究 [J]. 山东体育学院学报，2012（12）:22-29.

[19] 齐震 . 论我国户外运动安全保障体系的构建 [J]. 综合管理，2009（3）:20-24.

[20] 周红伟 . 我国户外运动安全保障系统的构建研究 [J]. 南京体育学院学报，2010（7）:13-16.

[21] 许龙成 . 论学生素质拓展训练课程安全保障体系的研究 [J]. 荆楚理工学院学报，2010（9）:40-42.

[22] 岑乔，黄玉理 . 极高山旅游安全保障体系研究 [J]. 成都大学学报，2011（11）:31-33.

[23] 陈艳玲 . 我国背包旅游的安全保障体系研究 [D]. 重庆：重庆师范大学，2012.

[24] 翁家银 . 山地户外运动安全风险管理研究 [D]. 广州：广州体育学院，2007.

[25] 黄亨奋 . 对我国普通高校户外运动安全防范管理体系的研究 [J]. 吉林体育学报，2007（5）:17-19.

[26] 吴耿安，郑向敏 . 户外运动安全防范管理初步研究 [J]. 山西大同大学学报，2007（9）:25-27.

[27] 徐磊，霍本炬 . 建立我国户外运动救援的策略探析 [J]. 时代人物，2008（12）:38-41.

[28] 霍本炬，马宁波 . 论我国户外运动救援体系的构建 [J]. 体育科技文献通报，2008，15（8）:39-45.

[29] 李中华 . 我国登山户外运动应急管理体系构建研究 [J]. 四川体育科学，2013（9）:11-13.

[30] 姜梅英 . 中国山地户外运动风险防范机制研究 [D]. 北京：北京体育大学，2013.

[31] 陈恒兴 . 玉龙雪山旅游区户外运动安全保障体系研究 [D]. 成都：成都体育学院，2014.

[32] 张伟 . 拓展训练安全保障体系构建研究 [D]. 北京：北京体育大学，2013.

[33] 李雪涛 . 山地户外运动安全因素分析及对策研究 [D]. 北京：北京体育大学，2012.

[34] 朱江华 . 我国户外运动突发事件的应急管理机制 [D]. 上海：东华大学，2012.

[35] 程蕉 . 户外运动风险管理的法学分析 [J]. 体育文化导刊，2013（3）:25-27.

[36] 刘建 . 大学生户外运动安全保障体系的构建 [J]. 博硕论坛，2014（8）:32-39.

[37] 林健聪.四川省户外运动安全管理体系研究[J].成都体育学院，2012(10):57-59.

[38] 吴崇旗，王伟琴.建构无痕山林准则为架构之户外环境行为量表[J].休闲产业管理学刊，2009（2）:6-9.

[39] 孟刚.户外运动[M].北京：北京师范大学出版社，2008.

[40] 董立.大学生户外运动[M].西安：西安交通大学出版社，2010.

[41] 孙邦杰.旅游安全管理[M].上海：格致出版社，上海人民出版社，2011.

[42] 程蕉.澳大利亚阿尔卑斯山户外运动安全保障制度研究[J].体育文化导刊，2014（10）:9-12.

[43] 沈闪，董伦红，刘勇.中法登山户外救援体系的比较研究[J].体育科学，2013（5）:24-29.

[44] 王姝月，钟沅杏，邢诗诗.户外运动中驴友的安全事故及保障措施研究[J].法制与社会，2014（11）:40-51.

[45] 袁复栋.2015年中国大陆登山户外运动事故分析报告[R].山野，2016.

[46] 中国登山协会登山户外运动事故调查研究小组.2011中国山难报告书[R].中国登山协会，2012.

[47] 中国登山协会登山户外运动事故调查研究小组.2010中国山难报告书[R].中国登山协会，2009.

[48] 陈曦，王簧.户外运动组织者违反安全保障义务的侵权责任[J].甘肃政法学院学报，2007（95）:153-158.

[49] 李萍，李艳翎，李骅.中国户外运动公共政策现状分析[J].体育文化导刊，2007（6）:13-14.

[50] 黄健雄.自发性户外探险活动的民事责任研究[J].福建政法管理干部学院学报，2007，34（4）:46-51.

[51] 梁海燕，陈华.美国户外运动发展及其对我国的启示[J].首都体育学院学报，2012，24（1）:64-67.

[52] 许添元.自助户外运动若干法律问题探究——由南宁驴友案引起的思考[J].漳州师范学院学报，2008，70（4）:27-30.

[53] 俞谢亮.我国户外运动安全及其相关法律问题研究[J].法制与社会，2008（9）:241-242.

[54] 周勇.论体育伤害侵权中的自甘冒险[D].济南：山东大学，2008.

[55] 杜以标.公平责任原则研究[D].北京：中国政法大学，2008.

[56] 刘雪芹，黄世席.美国户外运动侵权的法律风险和免责问题研究——兼谈对中

国的借鉴 [J]. 天津体育学院学报，2009，24（3）:253-256.

[57] 龚君良，鹿冲 . 我国户外运动法律制度初探 [J]. 湖北体育科技，2010，29（1）:43-45.

[58] 田平平 . 自发性户外活动遇险事件的民事责任分析——以" '南宁赵江 '7·9' 洪难案"为例 [D]. 兰州：兰州大学，2010.

[59] 侯彬彬 . 论户外运动所致损害的法律责任 [D]. 长沙：中南大学，2010.

[60] 门传胜 . 户外运动俱乐部发展现状的调查研究 [J]. 沈阳体育学院学报，2006，25（3）:115-117.

[61] 张小林，张天成，朱福军 . 我国西部地区户外运动资源开发与营销——以重庆武隆国际山地户外挑战赛为例 [J]. 西安体育学院学报，2007，24（3）:40-43.

[62] 李萍 . 湖南省户外运动市场分析 [D]. 长沙：湖南师范大学，2007.

[63] 龚君良，陈然 . 关于户外运动俱乐部管理机制的思考 [J]. 法制与社会，2009:251-252.

[64] 王栋桥 . 青岛市户外运动产业发展研究 [D]. 青岛：青岛大学，2009.

[65] 周红伟 . 我国户外运动安全保障系统的构建研究 [J]. 南京体育学院学报，2010，24（2）:92-96.

[66] 董杰，刘新立，宋璐毅 . 北京 2008 年奥运会对突发事件的风险管理 [J]. 体育与科学，2005，26（1）:30-35.

[67] 卢文云，熊晓正 . 大型体育赛事的风险及风险管理 [J]. 成都体育学院学报，2005，31（5）:18-23.

[68] 佟瑞鹏 . 大型社会活动事故风险管理程序与方法 [J]. 自然灾害学报，2007，16（4）:157-163.

[69] 张传统 . 探险旅游安全风险管理研究 [J]. 商场现代化，2008，239（5）:60-61.

[70] 肖鹏 . 北京奥运志愿者风险管理体系研究 [D]. 济南：山东大学，2008.

[71] 张大超，李敏 . 国外体育风险管理体系的理论研究 [J]. 体育科学，2009，29（7）:43-54.

[72] 李俊，凌洁，陈接平，等 . 营利性户外运动组织过程风险管理的研究 [J]. 山西师范大学体育学院学报，2009，24（2）:46-50.

[73] 拥军 . 旅游地开发项目风险管理研究 [D]. 武汉：武汉理工大学，2009.

[74] 王婷婷 . 山地旅游安全管理研究——以西岭雪山为例 [D]. 成都：成都理工大学，2010.

[75] 陈刚 . 从风险管理角度谈学校野外生存训练课程的安全保障 [J]. 吉林体育学院

学报，2010，26（4）:115-117.

[76] 刘晓军. 运动风险评价理论体系的构建 [D]. 北京：北京体育大学，2010.

[77] 李新娟. 山地景区旅游安全风险评价与控制 [J]. 河南理工大学学报，2010，11（2）:158-162.

[78] 王梓旭. 辽阳市户外运动行业风险调研报告 [D]. 大连：大连理工大学，2012.

[79] 赵刚. 户外运动创伤的预防 [J]. 沈阳体育学院学报，2006，25（4）:68-69.

[80] 吴耿安，郑向敏. 户外运动安全防范管理初步研究 [J]. 山西大同大学学报，2007，21（3）:107-109.

[81] 黄亨奋. 对我国普通高校户外运动安全防范管理体系的研究 [J]. 吉林体育学院学报，2007，23（4）:44-45.

[82] 霍本炬，马宁波. 论我国户外运动救援体系的构建 [J]. 体育科技文献通报，2008，16（4）:93-95.

[83] 陈恒兴. 对滇西北地区户外运动救援机构建立的分析 [J]. 经济研究导刊，2011（15）:210-213.

[84] 齐震. 论我国户外运动安全保障体系的构建 [J]. 综合管理，2009（4）:190-192.